GUIA PRÁTICO DO EMPREGADO DOMÉSTICO

LEI COMPLEMENTAR N° 150, DE 1° DE JUNHO DE 2015

O livro é a porta que se abre para a realização do homem.
Jair Lot Vieira

VALÉRIA MARIA SANT'ANNA
Advogada e Contabilista
Pós-graduada *latu sensu* em Direito Processual Civil
e MBA em Gestão Empresarial

TUDO SOBRE A NOVA LEI

GUIA PRÁTICO DO
EMPREGADO DOMÉSTICO

LEI COMPLEMENTAR N° 150, DE 1° DE JUNHO DE 2015

INDISPENSÁVEL
empregadores domésticos
advogados · contadores

MODELOS EXPLICATIVOS
FÉRIAS · RECIBOS · AVISO PRÉVIO
CONTRATOS · DESCONTOS
GUARDA DE DOCUMENTOS
HORÁRIO NOTURNO
DOMINGOS E FERIADOS
DIREITOS E OBRIGAÇÕES

Guia prático do empregado doméstico
Lei Complementar nº 150, de 1º de junho de 2015
Valéria Maria Sant'Anna

1ª Edição 2015

© desta edição: *Edipro Edições Profissionais Ltda.* – CNPJ nº 47.640.982/0001-40

Todos os direitos reservados. Nenhuma parte deste livro poderá ser reproduzida ou transmitida de qualquer forma ou por quaisquer meios, eletrônicos ou mecânicos, incluindo fotocópia, gravação ou qualquer sistema de armazenamento e recuperação de informações, sem permissão por escrito do Editor.

Editores: Jair Lot Vieira e Maíra Lot Vieira Micales
Coordenação editorial: Fernanda Godoy Tarcinalli
Editoração: Alexandre Rudyard Benevides
Revisão: Francimeire Leme Coelho
Arte: Karine Moreto Massoca

Dados Internacionais de Catalogação na Publicação (CIP)
(Câmara Brasileira do Livro, SP, Brasil)

Sant'Anna, Valéria Maria
    Guia prático do empregado doméstico : Lei Complementar nº 150, de 1º de junho de 2015 / Valéria Maria Sant'Anna. – São Paulo: EDIPRO, 2015.

    Bibliografia.
    ISBN 978-85-7283-935-8

    1. Empregadores – Direitos 2. Empregados domésticos – Direitos 3. Empregados domésticos – Leis e legislação – Brasil 4. Relações de trabalho I. Título.

15-05367   CDU-34:331:647.2(81)

Índice para catálogo sistemático:
1. Brasil : Empregados domésticos : Direito do trabalho : 34:331:647.2(81)

EDITORA AFILIADA

edipro
edições profissionais ltda.
São Paulo: Fone (11) 3107-4788 – Fax (11) 3107-0061
Bauru: Fone (14) 3234-4121 – Fax (14) 3234-4122
www.edipro.com.br

SUMÁRIO

A NOVA LEI 15

Introdução 17

1. Da aplicação de outras normas trabalhistas para o trabalho doméstico 18

2. Dos descontos no salário do empregado doméstico 18

3. Quem pode trabalhar como empregado doméstico e quem é considerado empregado doméstico 19

4. Das responsabilidades do empregador quanto à guarda da documentação e da fiscalização trabalhista 20

5. O empregado doméstico pode ser contratado por prazo determinado? 21

6. Na hora da contratação – o registro na Carteira 24

7. Da obrigatoriedade do registro do horário trabalhado todos os dias 24

8. Qual a duração do trabalho em regime de tempo integral? 25

9. Da obrigatoriedade do intervalo para repouso ou alimentação 26

10. Do descanso entre as jornadas de trabalho 26

11. Do descanso semanal remunerado 27

    11.1. Quando o empregado perde o direito a receber o dia do descanso semanal remunerado? 27

12. Horário noturno tem tempo e valor diferenciado 29

13. Domigos e feriados trabalhados têm remuneração diferenciada (pagamento em dobro) 31

14. Quando se necessitar que o empregado trabalhe além do horário normal, como se calcula a hora extra? Pode ser compensada? 32

    14.1. Regime de compensação de horas 33

8 | GUIA PRÁTICO DO EMPREGADO DOMÉSTICO

15. Do regime de tempo parcial 35

   15.1. Pode-se contratar em regime de tempo parcial? E, neste caso, qual o valor da remuneração? 35

   15.2. O empregado doméstico por regime de tempo parcial também pode fazer hora extra desde que com prévio acordo escrito 36

   15.3. Trabalho aos domingos e feriados por empregado em regime de tempo parcial 37

16. Do horário 12 x 36 38

17. Do trabalho em viagem 39

18. Empregado que reside no local de trabalho 40

19. Direito às férias 42

   19.1. Como calcular? 43

   19.2. Da concessão e da época das férias 45

20. Da gratificação de Natal 46

   20.1. Como calcular? 46

   20.2. Como pagar? 47

21. Do vale transporte 48

22. Do salário-família 49

   22.1. Qual o valor do salário-família? 50

   20.1. Como funciona? 50

23. Dos demais direitos do empregado doméstico 51

   23.1. Seguro obrigatório da Previdência Social 51

   23.2. Fundo de Garantia do Tempo de Serviço (FGTS) ... 51

      23.2.1. Quem já recolhe o FGTS do seu empregado, como fica? 52

   23.3. Indenização compensatória por perda do emprego sem justa causa ou por culpa do empregador 52

   23.4. Da licença-maternidade 53

   23.5. Da licença-paternidade 55

   23.6. Das ausências sem prejuízo do salário 56

SUMÁRIO | 9

23.7. Do seguro-desemprego 57
23.8. Do auxílio-acidente 58
23.9. Do auxílio-doença 59
24. Os pagamentos mensais 59
24.1. Como calcular a integração das horas extras no Descanso Semanal Remunerado – DSR? 60
24.2. Dos encargos do empregador 61
24.3. Enquanto o Simples Doméstico não for regulamentado 61
25. A rescisão contratual 61
25.1. O aviso prévio – demissão sem justa causa 61
25.2. Demissão por justa causa 62
26. As verbas rescisórias 63
26.1. Demissão sem justa causa 64
26.2. Demissão por justa causa 65
26.3. Rescisão do contrato a pedido do trabalhador 65
27. Do Termo de Rescisão do Contrato de Trabalho 66
27.1. Ocorrência de rescisão de contrato antes da regulamentação do Simples Doméstico 66
27.2. As anotações na carteira de trabalho 67
28. Do direito de ação 67
29. Do Simples Doméstico 67
30. Obrigações do empregador doméstico 71
31. Do Programa de Recuperação Previdenciária dos Empregadores Domésticos (REDOM) 72

MODELOS 75

1. Modelo de acordo para desconto salarial (Plano de saúde) 77
2. Modelo de acordo para desconto salarial (Moradia) 78
3. Modelo de recibo de entrega de carteira de trabalho ... 79

10 | GUIA PRÁTICO DO EMPREGADO DOMÉSTICO

4. Modelo de acordo para diminuição do horário de intervalo – empregado doméstico em regime de tempo integral 80

5. Modelo de acordo para compensação de horas extras – empregado doméstico em regime de tempo integral ... 81

6. Banco de horas para compensação dentro de um ano ... 82

7. Modelo de acordo para execução de horas extras – empregado doméstico em regime de tempo parcial 83

8. Modelo de acordo para trabalho pelo regime de 12 x 36 horas 84

9. Modelo de acordo para trabalho em viagem 85

10. Modelo de requerimento de abono de férias 86

11. Modelos de aviso de férias 87

11.1. Férias integrais 87

11.2. Férias parciais – 1º período 87

11.3. Férias parciais – 2º período 88

11.4. Férias com abono 88

12. Modelo de requerimento de recebimento de metade do 13º salário nas férias 89

13. Modelo de recibo de entrega de vale transporte 90

13.1. Entrega de passes 90

13.2. Pagamento em dinheiro 90

14. Modelo de aviso de demissão sem justa causa com pagamento do aviso prévio 91

15. Modelo de aviso de demissão sem justa causa com solicitação de cumprimento do aviso prévio 92

16. Modelo de pedido de demissão sem justa causa 93

16.1. Com pagamento do aviso prévio 93

16.2. Com cumprimento do aviso prévio 94

17. Modelo de recibo de pagamento do salário empregado doméstico 95

SUMÁRIO | 11

18. Modelo de Termo de Quitação de rescisão contratual enquanto não estiver em vigência o Simples Doméstico 96
19. Modelos de Formulários do Ministério do Trabalho ... 97
    19.1. Termo de Rescisão do Contrato de Trabalho 98
    19.2. Termo de Quitação de Rescisão do Contrato de Trabalho 99
    19.3. Termo de Homologação de Rescisão do Contrato de Trabalho 100

CÁLCULOS 101
1. Cálculos de salários e encargos 103
2. Exemplos de cálculos de férias 105

LEGISLAÇÃO 113

Lei Complementar nº 150, de 1º de junho de 2015 – *Dispõe sobre o contrato de trabalho doméstico; altera as Leis nº 8.212, de 24 de julho de 1991, nº 8.213, de 24 de julho de 1991, e nº 11.196, de 21 de novembro de 2005; revoga o inciso I do art. 3º da Lei nº 8.009, de 29 de março de 1990, o art. 36 da Lei nº 8.213, de 24 de julho de 1991, a Lei nº 5.859, de 11 de dezembro de 1972, e o inciso VII do art. 12 da Lei nº 9.250, de 26 de dezembro de 1995; e dá outras providências* 115

Capítulo I – Do Contrato de Trabalho Doméstico (arts. 1º ao 30) 115

Capítulo II – Do Simples Doméstico (arts. 31 a 35) 121

Capítulo III – Da Legislação Previdenciária e Tributária (arts. 36 a 38) 123

Capítulo IV – Do Programa de Recuperação Previdenciária dos Empregadores Domésticos (Redom) (arts. 39 a 41) 125

Capítulo V – Disposições Gerais (arts. 42 a 47) 126

Razões dos vetos 126

A
Tullo De Biaggi Netto,
Amor incondicional.

A NOVA LEI

INTRODUÇÃO

Em vigor a partir de 2 de junho de 2015, a Lei Complementar nº 150, de 1º de junho de 2015 vem regrar o trabalho doméstico, revogando expressamente a Lei nº 5.859, de 11 de dezembro de 1972 (que dispunha sobre a profissão do empregado doméstico). Com o advento desta Lei o empregado doméstico passa a ser tratado em igualdade com as demais classes de profissionais. A modernidade exige a capacitação de pessoas para atuarem como babás, cuidadores de idosos, motoristas de famílias, jardineiros, cozinheiros e arrumadeiras. Todavia, não estavam incluídos na CLT e tão pouco a Lei nº 5.859/1972 lhes assegurava direitos iguais aos demais profissionais.

Agora os direitos estão garantidos e empregado e empregador domésticos deverão seguir as regras; não há mais a desculpa de que o trabalho doméstico não traz lucro para o empregador. Os trabalhadores domésticos, pessoas de confiança nas mãos dos quais seus empregadores deixam seu lar e de seus entes queridos, devem ser profissionais capacitados e dos quais poder-se-á exigir qualidade e pontualidade.

A Lei vem regulamentar novos direitos ao trabalhador doméstico como adicional noturno, obrigatoriedade do recolhimento do FGTS por parte do empregador, direito ao seguro-desemprego, salário-família, seguro contra acidentes de trabalho e indenização em caso de dispensa sem justa causa.

Exigência por consequência, o SIMPLES DOMÉSTICO, sistema para unificar os pagamentos dos encargos devidos, deverá ser regulamentado em 120 dias da data de publicação da Lei Complementar.

De forma sucinta e objetiva, o presente Guia tem a intenção de auxiliar tanto os empregadores e empregados quanto os sindicatos, os advogados, os contadores, os contabilistas e demais pessoas que necessitem manusear a Lei, esclarecendo dúvidas para o seu efetivo cumprimento.

18 | GUIA PRÁTICO DO EMPREGADO DOMÉSTICO

1. DA APLICAÇÃO DE OUTRAS NORMAS TRABALHISTAS PARA O TRABALHO DOMÉSTICO

Antes de iniciarmos a análise propriamente dita da Lei Complementar nº 150/2015, é importante alertar o leitor sobre o seu artigo 19 que regulamenta assuntos que não foram diretamente tratados, mas devem ser seguidos observando as leis respectivas e a própria Consolidação das Leis do Trabalho – CLT:

> **Art. 19.** Observadas as peculiaridades do trabalho doméstico, a ele também se aplicam as Leis nº 605, de 5 de janeiro de 1949, nº 4.090, de 13 de julho de 1962, nº 4.749, de 12 de agosto de 1965, e nº 7.418, de 16 de dezembro de 1985, e, subsidiariamente, a Consolidação das Leis do Trabalho (CLT), aprovada pelo Decreto-Lei nº 5.452, de 1º de maio de 1943.

Ou seja, além do contido na Lei Complementar nº 150/2015 empregado e empregador deverão observar que existem regramentos para o repouso semanal remunerado (Lei nº 605/1949); sobre a gratificação de Natal (Leis nº 4.090/1962 e nº 4.749/1965); o vale transporte (Lei nº 4.718/1985).

Nas omissões e dúvidas se aplicará subsidiariamente a Consolidação das Leis do Trabalho (CLT).

No transcorrer de nossos estudos abordaremos os temas das leis declinadas neste artigo, assim como nos socorreremos da CLT para dirimir dúvidas.

2. DOS DESCONTOS NO SALÁRIO DO EMPREGADO DOMÉSTICO

Outro tema importante a ser esclarecido é sobre a possibilidade de descontos no salário do empregado doméstico.

O artigo 18 da Lei Complementar é expresso: o empregador **está proibido de efetuar descontos no salário do empregado por fornecimento de alimentação, vestuário, higiene ou moradia** (esta se for no local de trabalho), bem como de despesas por transporte, hospedagem e alimentação em caso de acompanhamento do empregado em viagem do empregador:

> **Art. 18.** É vedado ao empregador doméstico efetuar descontos no salário do empregado por fornecimento de alimentação,

vestuário, higiene ou moradia, bem como por despesas com transporte, hospedagem e alimentação em caso de acompanhamento em viagem.

Caso o empregador proceda a adiantamento salarial, aí sim poderá fazer o desconto do que já adiantou.

EXEMPLO: faz adiantamento de R$ 200,00 antes da data do pagamento – deve pegar um recibo de adiantamento de parte do salário, especificando o mês. No dia do pagamento efetivar o desconto anotado no recibo (vide **Modelo 17**, p. 95).

Poderá, ainda, efetuar desconto para inclusão do empregado em planos de assistência médico-hospitalar e odontológica, de seguro e de previdência privada, desde que a dedução não ultrapasse 20% do salário do empregado. Para isso, deverá haver acordo escrito entre as partes (vide **Modelo 1**, p. 77).

O § 2º do artigo 18 abre exceção quanto a desconto de despesas com moradia quando essa se referir a local diverso da residência em que ocorrer a prestação de serviço, desde que essa possibilidade tenha sido expressamente acordada entre as partes.

Em outras palavras: pode empregador pagar o aluguel de uma casa para o empregado, ou ceder-lhe um imóvel seu em local diferente de onde ele preste serviços, mediante desconto de seu salário de até 25% conforme prescreve o § 3º do artigo 458 da CLT. É importante que isso seja tratado antecipadamente e formalizado por escrito (vide **Modelo 2**, p. 78).

3. QUEM PODE TRABALHAR COMO EMPREGADO DOMÉSTICO E QUEM É CONSIDERADO EMPREGADO DOMÉSTICO

A Lei Complementar nº 150/2015 em acatamento à Convenção nº 182 da OIT e ao Decreto nº 6.481, de 12 de junho de 2008 (que regulamenta os artigos 3º, alínea "d", e 4º da Convenção nº 182 – e trata das piores formas de trabalho infantil), PROIBE o trabalho de menor de 18 anos (parágrafo único do artigo 1º).

Assim, somente poderá ser empregada a pessoa MAIOR de dezoito anos de idade.

20 | GUIA PRÁTICO DO EMPREGADO DOMÉSTICO

O artigo 1º conceitua o empregado doméstico para os fins da Lei:
Aquele que presta serviços de forma contínua, subordinada, onerosa e pessoal e de finalidade não lucrativa à pessoa ou à família, no âmbito residencial destas, por mais de 2 (dois) dias por semana.

Toda e qualquer pessoa maior de 18 anos que trabalhar MAIS de dois dias por semana, de forma contínua, no âmbito da residência de pessoa ou família, para qualquer tipo de atividade (babá, arrumadeira, cozinheira, motorista, jardineiro etc.) a ele subordinado, de forma remunerada e pessoal, e de finalidade não lucrativa é considerado empregado doméstico.

4. DAS RESPONSABILIDADES DO EMPREGADOR QUANTO À GUARDA DA DOCUMENTAÇÃO E DA FISCALIZAÇÃO TRABALHISTA

Nas disposições gerais da Lei Complementar em comento, o artigo 42 determina que:
É de responsabilidade do empregador o arquivamento de documentos comprobatórios do cumprimento das obrigações fiscais, trabalhistas e previdenciárias, enquanto essas não prescreverem.

Assim, passa a ser muito importante que o empregador faça a guarda de todos os documentos relativos à relação empregatícia. Pelas novas determinações, como veremos adiante, o empregador doméstico passa a ter obrigações fiscais e tributárias outras e a ele cabe a guarda dos documentos.

Ou seja, em uma reclamação trabalhista, o empregador somente conseguirá provar que cumpriu com todas as suas obrigações se comprová-las documentalmente.

Alertamos, portanto, ao empregador atenta observação à Lei, mantendo um arquivo com todos os recibos de pagamentos de salários, acordos, e guias dos recolhimentos fiscais/previdenciários.

No transcorrer da leitura do presente trabalho tentar-se-á deixar claro de forma objetiva e simples os detalhes trazidos pela nova Lei, a fim de auxiliar a todos, principalmente empregador e empregado domésticos, de seus deveres e direitos e como atendê-los de forma a não deixar dúvidas futuras.

A NOVA LEI | 21

Observamos, ainda, que a partir da vigência da Lei o Ministério do Trabalho poderá exercer a fiscalização na residência do empregador conforme redação do artigo 11-A da Lei nº 10.593, de 6 de dezembro de 2002:

Art. 11-A. A verificação, pelo Auditor-Fiscal do Trabalho, do cumprimento das normas que regem o trabalho do empregado doméstico, no âmbito do domicílio do empregador, dependerá de agendamento e de entendimento prévios entre a fiscalização e o empregador.

§ 1º. A fiscalização deverá ter natureza prioritariamente orientadora.

§ 2º. Será observado o critério de dupla visita para lavratura de auto de infração, salvo quando for constatada infração por falta de anotação na Carteira de Trabalho e Previdência Social ou, ainda, na ocorrência de reincidência, fraude, resistência ou embaraço à fiscalização.

§ 3º. Durante a inspeção do trabalho referida no *caput*, o Auditor-Fiscal do Trabalho far-se-á acompanhar pelo empregador ou por alguém de sua família por este designado.

5. O EMPREGADO DOMÉSTICO PODE SER CONTRATADO POR PRAZO DETERMINADO?

Geralmente quando se contrata um empregado doméstico a intenção é que a relação empregatícia dure o máximo.

Todavia existem momentos em que surgem necessidades temporais, como substituição de empregado doméstico que esteja em licença médica, por exemplo, ou para atender necessidades familiares de natureza transitória.

Também, muitas vezes se deseja um contrato de experiência para empregador e empregado se conhecerem.

A Lei Complementar nº 150/2015 faculta a contratação por tempo determinado nessas três hipóteses:

Art. 4º. É facultada a contratação, por prazo determinado, do empregado doméstico:

I – mediante contrato de experiência;

II – para atender necessidades familiares de natureza transitória e para substituição temporária de empregado doméstico com contrato de trabalho interrompido ou suspenso.

Parágrafo único. No caso do inciso II deste artigo, a duração do contrato de trabalho é limitada ao término do evento que motivou a contratação, obedecido o limite máximo de 2 (dois) anos.

Para o contrato temporário com a finalidade de atender a necessidades familiares de natureza transitória ou substituição de empregado doméstico, a duração é até o término do evento que motivou a contratação com o limite máximo de dois anos.

EXEMPLO: um empregado se acidentou e há contratação de outrem para substituí-lo. A partir do momento em que o empregado tiver alta e puder retornar ao trabalho pode-se rescindir o contrato por tempo determinado.

O contrato de experiência tem o prazo máximo de 90 dias. Pode-se fazer até dois contratos de experiência consecutivos, desde que não ultrapasse os 90 dias.

EXEMPLO: Faz-se uma contratação por experiência por 60 dias, prazo em que tanto empregador como empregado imaginavam que já teriam condições de saber se desejariam ou não a continuidade da relação empregatícia. Mas, as partes ainda não se sentem seguras. Podem optar por mais 30 dias de contrato de experiência.

ATENÇÃO!
Se passado o prazo pactuado para o contrato de experiência, mesmo que seja um único dia, e o empregado trabalhar, o contrato passa a ser por tempo indeterminado. Assim, muita cautela se em um contrato de experiência tanto empregador como empregado não desejar continuar com a relação de emprego: deve-se observar a quantidade de dias trabalhados. Se o contrato for de 90 dias são 90 dias e não três meses (pode ocorrer que o mês tenha 31 dias e aí passa dos 90 dias se não observar a contagem corretamente e, ao invés, aguarda o dia 1º de mês seguinte. Por exemplo: contrato de experiência por 90 dias iniciado em 1º de junho de 2015, o término é 29 de agosto de 2015. Se o empregado trabalhar normalmente no dia 30 de agosto configurará a aceitação da experiência e o contrato passa a ser por tempo indeterminado).

Art. 5º. O contrato de experiência não poderá exceder 90 (noventa) dias.

§ 1º. O contrato de experiência poderá ser prorrogado 1 (uma) vez, desde que a soma dos 2 (dois) períodos não ultrapasse 90 (noventa) dias.

§ 2º. O contrato de experiência que, havendo continuidade do serviço, não for prorrogado após o decurso de seu prazo previamente estabelecido ou que ultrapassar o período de 90 (noventa) dias passará a vigorar como contrato de trabalho por prazo indeterminado.

A característica desses dois tipos de contratações (experiência e por tempo determinado) é que, sem justo motivo, o contrato não pode ser desfeito sob pena de, a parte que assim o desejar rescindir, ter de ressarcir a outra parte. Assim, se o empregador despedir o empregado sem justa causa deverá pagar-lhe a metade da remuneração que teria direito até o término do contrato.

EXEMPLO: Pelo salário de R$ 1.000,00 mensais contratou-se um empregado doméstico pelo período de 8 meses (para cuidar de um familiar em recuperação de cirurgia). Após o segundo mês resolve o empregador rescindir o contrato. Deverá ele indenizar o empregado com o equivalente a três meses de remuneração (restam seis meses para o término do contrato, portanto deverá pagar pela metade).

O empregado também deverá ressarcir o empregador dos danos que lhe causar, caso rescinda o contrato sem justo motivo até o limite do valor que lhe seria pago caso o empregador rescindisse o contrato.

Outro detalhe é que na vigência desses contratos não se exige o aviso prévio.

Art. 6º. Durante a vigência dos contratos previstos nos incisos I e II do artigo 4º, o empregador que, sem justa causa, despedir o empregado é obrigado a pagar-lhe, a título de indenização, metade da remuneração a que teria direito até o termo do contrato.

Art. 7º. Durante a vigência dos contratos previstos nos incisos I e II do artigo 4º, o empregado não poderá se desligar do contrato sem justa causa, sob pena de ser obrigado a indenizar o empregador dos prejuízos que desse fato lhe resultarem.

Parágrafo único. A indenização não poderá exceder aquela a que teria direito o empregado em idênticas condições.

Art. 8º. Durante a vigência dos contratos previstos nos incisos I e II do artigo 4º, não será exigido aviso prévio.

6. NA HORA DA CONTRATAÇÃO O REGISTRO NA CARTEIRA

Não importa se for contrato por experiência, por tempo determinado ou indeterminado; a primeira providência do empregador é solicitar a Carteira de Trabalho e Previdência Social da pessoa que está sendo contratada.

É obrigação do futuro empregado apresentar a carteira para o registro de seu emprego.

O empregador deverá, mediante recibo (vide **Modelo 3**, p. 79), solicitar a carteira do empregado para, no prazo de 48 horas providenciar as anotações: data de admissão, a remuneração e o prazo nos casos de contrato por experiência ou tempo determinado.

> **Art. 9º.** A Carteira de Trabalho e Previdência Social será obrigatoriamente apresentada, contra recibo, pelo empregado ao empregador que o admitir, o qual terá o prazo de 48 (quarenta e oito) horas para nela anotar, especificamente, a data de admissão, a remuneração e, quando for o caso, os contratos previstos nos incisos I e II do artigo 4º.

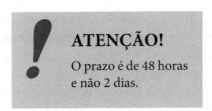

ATENÇÃO!
O prazo é de 48 horas e não 2 dias.

Caso o empregador não souber ou tiver dúvidas de como fazer as anotações na carteira de trabalho, a sugestão é que procure por um profissional da área contábil (contador ou contabilista) que o poderá orientar.

7. DA OBRIGATORIEDADE DO REGISTRO DO HORÁRIO TRABALHADO TODOS OS DIAS

O artigo 12 da Lei Complementar é claro ao determinar que:
> É obrigatório o registro do horário de trabalho do empregado doméstico por qualquer meio manual, mecânico ou eletrônico, desde que idôneo.

Ou seja, a partir da vigência da Lei, dia 2 de junho de 2015, é obrigatório o registro do horário de trabalho do empregado doméstico. Ele deverá registrar (anotar) o horário de entrada, do início da pausa para descanso, do retorno ao trabalho e quando encerrar suas atividades do dia. Dar atenção aos minutos.

EXEMPLO: Se chegou no trabalho às 8h5min, marcar esse horário; se chegou às 7h55min, idem.

Assim, importante e urgente para aqueles que tenham contrato de trabalho com empregados domésticos, providenciar um LIVRO PONTO, ou CARTÕES DE PONTO, e iniciar a anotação dos horários de entrada, pausa para a refeição e saída do empregado.

Muito importante que o empregado saiba como preencher e assinar o documento que NÃO PODE SER ADULTERADO, RASURADO OU RASGADO, sendo certo que o empregador deve conferir as anotações diariamente.

Caso o empregador/empregado tenha dúvida, a sugestão é procurar auxílio de um profissional da área contábil (contador ou contabilista) que poderá orientar como preencher esse tipo de documento.

Pode-se optar pelo registro mecânico (relógio de ponto que deve ser adquirido e instalado na residência) ou eletrônico (já existem programas que podem ser instalados em um computador, mas deve-se assegurar que o que for utilizar seja idôneo e reconhecido/homologado pelo Ministério do Trabalho).

8. QUAL A DURAÇÃO DO TRABALHO EM REGIME DE TEMPO INTEGRAL?

Nos termos do *caput* artigo 2º da nova Lei:

> A duração normal do trabalho doméstico não excederá 8 (oito) horas diárias e 44 (quarenta e quatro) semanais.

Isso significa que o trabalhador doméstico tem uma jornada de 8 horas/dia por cindo dias na semana, mais 4 horas/dia no sexto dia da semana, compreendidos entre segunda-feira a sábado.

É permitido que o empregado cumpra as 44 horas acrescentando uma hora por quatro dias entre a segunda e a sexta-feira, sempre de comum acordo com o empregador e anotando no registro de ponto, e não trabalhar no sábado.

26 | GUIA PRÁTICO DO EMPREGADO DOMÉSTICO

O artigo 16 prevê o descanso semanal remunerado de no mínimo 24 horas consecutivas e preferencialmente aos domingos, além de descanso remunerado em feriados.

Assim, deverá cumprir suas 44 horas de segunda-feira a sábado e descansar o domingo todo, somente retornando ao trabalho na segunda-feira.

Caso o empregador necessite dos trabalhos do empregado no sábado à tarde que extrapole as 44 horas já trabalhadas na semana ou mesmo no domingo, então entrará em regime de hora extra no sábado e de trabalho em domingos e feriados, que veremos adiante.

9. DA OBRIGATORIEDADE DO INTERVALO PARA REPOUSO OU ALIMENTAÇÃO

A partir de 2 de junho de 2015 é obrigatório que seja dado intervalo para repouso ou alimentação pelo período de uma a duas horas no dia (artigo 13):

> **Art. 13.** É obrigatória a concessão de intervalo para repouso ou alimentação pelo período de, no mínimo, 1 (uma) hora e, no máximo, 2 (duas) horas, admitindo-se, mediante prévio acordo escrito entre empregador e empregado, sua redução a 30 (trinta) minutos.

Assim, o empregado com jornada de trabalho integral (8 horas), se entrar em serviço às 8h da manhã, por exemplo, deverá permanecer à disposição do empregador e em sua residência até às 17h (se com 1 hora de intervalo) ou 18h (se com 2 horas de intervalo).

É possível diminuir esse intervalo para 30 minutos se houver acordo prévio entre empregador e empregado. Importante que esse acordo seja formalizado POR ESCRITO, (vide **Modelo 4,** p. 80) em duas vias (uma para o empregado e outra para o empregador), com assinatura de duas testemunhas (uma por parte do empregador e outra por parte do empregado) a fim de se evitar dúvidas futuras.

Com a diminuição do horário de intervalo, o empregado, consequentemente, sairá meia hora antes (se entrar às 8h sairá às 16h30min).

10. DO DESCANSO ENTRE AS JORNADAS DE TRABALHO

Entre um dia e outro de trabalho o empregado doméstico tem o direito de um descanso mínimo de 11 horas consecutivas.

Art. 15. Entre 2 (duas) jornadas de trabalho deve haver período mínimo de 11 (onze) horas consecutivas para descanso.

11. DO DESCANSO SEMANAL REMUNERADO

Ao empregado doméstico é devido o descanso semanal remunerado de, no mínimo, 24 horas consecutivas, de preferência aos domingos.

A Lei prevê o descanso remunerado também nos feriados.

Art. 16. É devido ao empregado doméstico descanso semanal remunerado de, no mínimo, 24 (vinte e quatro) horas consecutivas, preferencialmente aos domingos, além de descanso remunerado em feriados.

Aqui vale lembrar do artigo 19 que remete às regras da Lei nº 605, de 5 de janeiro de 1949, que trata do repouso semanal remunerado e o pagamento de salário nos dias feriados civis e religiosos.

Assim como o artigo 16, o artigo 1º da nova Lei prevê:

Art. 1º. Todo empregado tem direito ao repouso semanal remunerado de vinte e quatro horas consecutivas, preferentemente aos domingos e, nos limites das exigências técnicas das empresas, nos feriados civis e religiosos, de acordo com a tradição local.

11.1. Quando o empregado perde o direito a receber o dia do descanso semanal remunerado?

O empregado PODE PERDER O DIREITO a essa remuneração quando, sem motivo justificado, tiver faltado ao trabalho na semana anterior, não cumprindo integralmente o seu horário de trabalho.

No caso do trabalhador doméstico, o dia de repouso remunerado corresponde a um dia de serviço computadas as horas extraordinárias habitualmente prestadas nos termos da alínea "a" do artigo 7º.

Ou seja, se o empregado faltar numa terça-feira, por exemplo, sem justificar essa falta, além do desconto desse dia do seu salário, o empregador deverá descontar-lhe mais um dia, que seria o domingo remunerado a que teria direito se tivesse trabalhado todos os dias da semana.

O cálculo do salário-dia se faz dividindo o valor do salário base (o salário que está anotado na carteira de trabalho) por 30, por exemplo:

28 | GUIA PRÁTICO DO EMPREGADO DOMÉSTICO

Valor bruto do salário mensal	R$ 1.000,00
Cálculo salário DIA: R$ 1.000,00/30 = R$ 33,33	
Valor bruto do salário DIA	R$ 33,33

Assim, se o empregado faltou em um dia no mês sem justificar, ser-lhe-á descontado dois dias de trabalho, ou seja, R$ 66,66 no caso hipotético de o salário mensal ser de R$ 1.000,00.

Se faltar dois dias dentro da mesma semana, sem justificativa, serão descontados três dias de trabalho (os dois que faltou mais o domingo remunerado).

E se o empregado faltar um dia em uma semana e outro em outra? (por exemplo, falta no sábado e só retorna ao trabalho na terça-feira) – neste caso, ser-lhe-ão descontados quatro dias (o domingo referente ao sábado e o outro domingo referente à segunda-feira).

Caso seja habitual o empregado exercer atividades em jornada extraordinária, assim como se calcula o reflexo dessas horas no valor do descanso renumerado para pagamento, faz-se o mesmo para o desconto.

Todavia, o empregado PODE JUSTIFICAR sua falta, e a Lei nº 605/1949, em seu artigo 6º, elenca quais os motivos que são justificáveis:

Art. 6º. Não será devida a remuneração quando, sem motivo justificado, o empregado não tiver trabalhado durante toda a semana anterior, cumprindo integralmente o seu horário de trabalho.

§ 1º. São motivos justificados:

a) os previstos no artigo 473 e seu parágrafo único da Consolidação das Leis do Trabalho (vide abaixo);

b) a ausência do empregado devidamente justificada, a critério da administração do estabelecimento;

c) a paralisação do serviço nos dias em que, por conveniência do empregador, não tenha havido trabalho;

d) a ausência do empregado, até três dias consecutivos, em virtude do seu casamento;

e) a falta ao serviço com fundamento na lei sobre acidente do trabalho;

f) a doença do empregado, devidamente comprovada.

Ainda de acordo com a Consolidação das Leis do Trabalho em seu artigo 473:

Art. 473. O empregado poderá deixar de comparecer ao serviço sem prejuízo do salário:

I – até 2 (dois) dias consecutivos, em caso de falecimento do cônjuge, ascendente, descendente, irmão ou pessoa que, declarada em sua carteira de trabalho e previdência social, viva sob sua dependência econômica;

II – até 3 (três) dias consecutivos, em virtude de casamento;

III – por um dia, em caso de nascimento de filho no decorrer da primeira semana;

IV – por um dia, em cada 12 (doze) meses de trabalho, em caso de doação voluntária de sangue devidamente comprovada;

V – até 2 (dois) dias consecutivos ou não, para o fim de se alistar eleitor, nos têrmos da lei respectiva.

VI – no período de tempo em que tiver de cumprir as exigências do Serviço Militar referidas na letra "c" do artigo 65 da Lei nº 4.375, de 17 de agosto de 1964 (Lei do Serviço Militar).

VII – nos dias em que estiver comprovadamente realizando provas de exame vestibular para ingresso em estabelecimento de ensino superior.

VIII – pelo tempo que se fizer necessário, quando tiver que comparecer a juízo.

IX – pelo tempo que se fizer necessário, quando, na qualidade de representante de entidade sindical, estiver participando de reunião oficial de organismo internacional do qual o Brasil seja membro.

Observe-se que a falta do empregado por motivo de doença não poderá ser descontada desde que comprove mediante atestado de médico, preferencialmente da rede pública de atendimento.

Justificada a falta nos termos da Lei, não pode o empregador descontar-lhe nem o dia que não trabalhou nem o dia do descanso remunerado.

12. HORÁRIO NOTURNO TEM TEMPO E VALOR DIFERENCIADO

A partir das 22h até às 5h da manhã seguinte, o trabalho doméstico é considerado noturno. Como a lei determina que a hora noturna seja de 52 minutos e 30 segundos, após trabalhar 7 horas, equivale a ter trabalhado quase 8 horas (7h51min10s).

Art. 14. Considera-se noturno, para os efeitos desta Lei, o trabalho executado entre as 22 horas de um dia e as 5 horas do dia seguinte.

§ 1º. A hora de trabalho noturno terá duração de 52 (cinquenta e dois) minutos e 30 (trinta) segundos.

Ao trabalhador doméstico que exercer suas atividades no período noturno ser-lhe-á acrescido, no mínimo, 20% sobre o valor da hora diurna.

§ 2º. A remuneração do trabalho noturno deve ter acréscimo de, no mínimo, 20% (vinte por cento) sobre o valor da hora diurna.

EXEMPLO: O empregado com remuneração mensal de R$ 1.000,00 receberá pela hora noturna a importância bruta de R$ 5,46. Neste exemplo:

Valor bruto do salário mensal	R$ 1.000,00
Cálculo salário HORA: R$ 1.000,00/220 = R$ 4,55	
Cálculo salário HORA noturna: R$ 4,55 + 20% (R$ 0,91) = R$ 5,46	
Valor bruto do salário HORA noturna	R$ 5,46

ATENÇÃO!

Se o empregado doméstico for contratado para trabalhar em horário noturno o acréscimo dos 20% será calculado sobre o salário anotado na Carteira de Trabalho. Dessa forma, é importante observar que, mesmo que se vá combinar o salário e contratar para o trabalho noturno, dever-se-á anotar na carteira o valor equivalente a horas diurnas de trabalho. O legislador foi claro em dizer que entender-se-á o salário anotado na carteira como o valor para trabalho no horário diurno.

A diferenciação no salário acontecerá quando do pagamento, momento no qual se fará o cálculo, pelas horas efetivamente trabalhadas com o acréscimo dos 20%.

É bom lembrar que este é o acréscimo mínimo previsto em lei, empregador e empregado poderão pactuar de forma diferente (para maior), assim como convenções coletivas de trabalho podem aumentar esse acréscimo.

§ 3º. Em caso de contratação, pelo empregador, de empregado exclusivamente para desempenhar trabalho noturno, o acréscimo será calculado sobre o salário anotado na Carteira de Trabalho e Previdência Social.

§ 4º. Nos horários mistos, assim entendidos os que abrangem períodos diurnos e noturnos, aplica-se às horas de trabalho noturno o disposto neste artigo e seus parágrafos.

Quando o empregado trabalhar tanto em horário noturno como diurno, dever-se-á calcular as horas noturnas pelo disposto na Lei, com o acréscimo mínimo de 20%.

13. DOMIGOS E FERIADOS TRABALHADOS TÊM REMUNERAÇÃO DIFERENCIADA (PAGAMENTO EM DOBRO)

Nos termos do § 8º do artigo 2º, o trabalho realizado em domingos e feriados deverá ser remunerado em dobro se não compensado:

§ 8º. O trabalho não compensado prestado em domingos e feriados deve ser pago em dobro, sem prejuízo da remuneração relativa ao repouso semanal.

O § 3º regulamenta o cálculo do dia normal de trabalho:

§ 3º. O salário-dia normal, em caso de empregado mensalista, será obtido dividindo-se o salário mensal por 30 (trinta) e servirá de base para pagamento do repouso remunerado e dos feriados trabalhados.

EXEMPLO: o empregado recebe o salário bruto de R$ 1.000,00/mês, dividindo por 30 temos R$ 33,33/dia. Assim, se o empregado trabalhar em um domingo ou feriado, deverá ser-lhe acrescido o valor de R$ 66,66 no seu salário. Se trabalhar os 4 domingos, dever-se-á multiplicar o salário-dia por 8 e acrescentar no salário do mês (R$ 266,64). Neste exemplo:

32 | GUIA PRÁTICO DO EMPREGADO DOMÉSTICO

Valor bruto do salário mensal	R$ 1.000,00
Cálculo salário DIA: R$ 1.000,00/30 = R$ 33,33	
Valor bruto do salário DIA	R$ 33,33
Valor bruto do salário DIA em feriados e domingos	R$ 66,66

Observe-se que a Lei diferenciou o trabalho realizado em feriados e domingos. Embora na prática possamos entender como hora extra, não é assim considerado: o pagamento é diferenciado – o empregado deve receber em dobro, ou deve compensar logo na semana seguinte.

Entendemos que essa compensação (ressalte-se, quando se tratar de compensação de trabalho efetuado em feriados e domingos) deva ser imediata, ou seja, trabalhou no feriado deverá descansar no dia seguinte ou no dia mais próximo dentro da semana seguinte, o mesmo acontecendo com o trabalho no domingo, pois essa é a forma de assegurar o efetivo descanso semanal de 24 horas do empregado, que preferencialmente deva ocorrer no domingo.

Neste caso a Lei não determinou a existência de acordo escrito prévio. Assim, havendo necessidade de trabalho em feriados e domingos podem empregador e empregado se ajustarem, não esquecendo de efetuar a marcação no livro de ponto, inclusive e também muito importante, no dia da compensação anotar no livro (compensação do trabalho no dia "x").

Não há que se falar em compensação em dobro. O empregado compensará um dia de 24 horas para seu descanso. Apenas terá o direito de receber o dia em dobro se trabalhar no feriado ou domingo, dias reservados para seu descanso e que por motivo de urgência extrema o empregador lhe solicitou o trabalho, e não compensá-lo.

14. QUANDO SE NECESSITAR QUE O EMPREGADO TRABALHE ALÉM DO HORÁRIO NORMAL, COMO SE CALCULA A HORA EXTRA? PODE SER COMPENSADA?

Caso o empregado tenha de extrapolar seu horário de trabalho em dia normal (não feriados e domingos), então receberá hora extra de, no mínimo, 50% superior ao valor da hora normal (§ 1º do artigo 2º).

A NOVA LEI | 33

Observe-se que a Lei prevê o mínimo, mas podem empregador e empregado (ou entidades representativas em acordo coletivos de trabalho) combinar valor SUPERIOR.

O § 2º do artigo 2º explica como calcular o salário-hora normal:

§ 2º. O salário-hora normal, em caso de empregado mensalista, será obtido dividindo-se o salário mensal por 220 (duzentas e vinte) horas, salvo se o contrato estipular jornada mensal inferior que resulte em divisor diverso.

EXEMPLO: o empregado recebe R$ 1.000,00/mês, dividindo por 220 temos R$ 4,55/hora. Dessa forma, se ele trabalhou em horário extraordinário, deverá ser acrescido ao salário o valor de R$ 6,83 (R$ 4,55 + R$ 2,28 (50%)) por cada hora extraordinária trabalhada no mês.

Valor bruto do salário mensal	R$ 1.000,00
Cálculo salário HORA: R$ 1.000,00/220 = R$ 4,55	
Cálculo salário HORA extra: R$ 4,55 + 50% (R$ 2,28) = R$ 6,83	
Valor bruto do salário HORA extra	R$ 6,83

14.1. Regime de compensação de horas

O § 4º do artigo 2º prevê a compensação de horas, desde que haja acordo prévio por escrito entre empregador e empregado:

§ 4º. Poderá ser dispensado o acréscimo de salário e instituído regime de compensação de horas, mediante acordo escrito entre empregador e empregado, se o excesso de horas de um dia for compensado em outro dia.

Ou seja, empregador e empregado já podem ter pactuado que na necessidade de trabalho em regime de hora extra, essas serão compensadas em outro dia (aqui se trata da hora extra trabalhada em dias normais de serviço, de segunda-feira a sábado).

A Lei permite que antecipadamente empregador e empregado já se ajustem nesse item. Há empregador que não tem condições financeiras de arcar com a hora extra e prefere que o empregado descanse. Por outro lado, há empregado que não abre mão de seu descanso e assim, atende às necessidades urgentes do patrão, mas deseja descansar em outra oportunidade.

Assim, é importante, quando da contratação, que empregador e empregado já tratem desse assunto e façam o pacto por escrito (vide **Modelo 5**, p. 81).

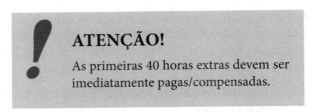

ATENÇÃO!
As primeiras 40 horas extras devem ser imediatamente pagas/compensadas.

Há que se observar que a Lei Complementar, no § 5º do artigo 2º, determina que as primeiras 40 horas extras trabalhadas deverão ser pagas ou compensadas, ou seja, somente se poderá criar um "banco de horas" para posterior compensação a partir da 41ª hora de trabalho extra no mês.

Quarenta horas representam duas horas extras de trabalho por cinco dias da semana durante quatro semanas. Ou seja, o empregado praticamente todos os dias da semana trabalhou por dez horas para o empregador. Essas horas deverão ser pagas ou compensadas no mês seguinte (por exemplo, pode sair 2 horas mais cedo durante 20 dias do mês seguinte).

O banco de horas, quando o empregado terá até um ano para compensar, refere-se a horas que extrapolarem as quarenta horas extras no mês.

Realmente, em caso de doença ou de outros problemas familiares, pode ocorrer emergência de se ter de contar com o empregado por mais tempo em casa, mas a Lei preocupou-se em remunerar/compensar essas horas logo que a emergência acabe, assim como, preocupou-se em permitir a existência de um banco de horas no intuito de o empregado, ante a necessidade de compensar as horas, praticamente ter de não ir trabalhar por vários dias. Uma questão de bom senso, pois, com certeza, o empregador continua necessitando de sua presença diária em sua casa.

§ 5º. No regime de compensação previsto no § 4º:

I – será devido o pagamento, como horas extraordinárias, na forma do § 1º, das primeiras 40 (quarenta) horas mensais excedentes ao horário normal de trabalho;

II – das 40 (quarenta) horas referidas no inciso I, poderão ser deduzidas, sem o correspondente pagamento, as horas não trabalhadas, em função de redução do horário normal de trabalho ou de dia útil não trabalhado, durante o mês;

III – o saldo de horas que excederem as 40 (quarenta) primeiras horas mensais de que trata o inciso I, com a dedução prevista no inciso II, quando for o caso, será compensado no período máximo de 1 (um) ano.

Finalmente, podemos concluir que o empregado doméstico poderá trabalhar mais de duas horas extras por dia em caso de necessidade extrema, desde que devidamente anotado.

Mas, atenção, o empregador, de agora em diante, deve se atentar para as anotações de horário de trabalho do empregado, fazendo disso um ritual diário para se evitar problemas posteriores.

15. DO REGIME DE TEMPO PARCIAL

15.1. Pode-se contratar em regime de tempo parcial? E, neste caso, qual o valor da remuneração?

O regime de tempo parcial permite que uma pessoa trabalhe e receba valor inferior ao salário mínimo vigente, desde que receba na proporcionalidade do salário em regime normal de trabalho.

Importante esclarecer que não se está infringindo a Lei ao remunerar o empregado doméstico em valor inferior ao salário mínimo, porque o empregado estará recebendo na proporcionalidade em que receberia se estivesse trabalhando as 44 horas semanais. Assim, o salário poderá ser contratado por hora, dia e mês, de forma que, sendo o empregado contratado para trabalhar 4 horas por dia, por exemplo, receberá o salário proporcional às horas trabalhadas, em igualdade com aquele que efetivamente trabalhar as 44 horas.

O artigo 3º da Lei Complementar nº 150/2015 coloca fim ao dilema daquelas pessoas que necessitam de alguém para alguma atividade em sua casa, cujo trabalho não seja necessário pelo período integral diário.

Art. 3º. Considera-se trabalho em regime de tempo parcial aquele cuja duração não exceda 25 (vinte e cinco) horas semanais.

§ 1º. O salário a ser pago ao empregado sob regime de tempo parcial será proporcional a sua jornada, em relação ao empregado que cumpre, nas mesmas funções, tempo integral.

Ou seja, pode-se contratar até mesmo um empregado doméstico por 5 horas de serviço por semana (o que equivale a uma hora por dia de trabalho). Assim, 25 horas semanais seriam um dia de 5 horas e cinco dias de 4 horas de trabalho.

Dessa forma, pode-se contratar uma pessoa para prestar serviços, por exemplo, por meio período (4 horas/dia) por seis dias da semana (seriam 24 horas semanais).

Neste caso, o salário será proporcional à sua jornada de trabalho em relação ao empregado que cumpre o tempo integral nas mesmas funções. Para o cálculo deve-se pegar o salário referência da jornada integral (em nosso exemplo R$ 1.000,00), dividir por 220 horas e após multiplicar pela referência mensal do trabalhador; no caso de 4 horas diárias, de segunda-feira a sábado.

Valor bruto do salário mensal	R$ 1.000,00
Cálculo salário HORA: R$ 1.000,00/220 = R$ 4,55	
Cálculo salário proporcional (24h x 4 = 96h): R$ 4,55 x 96 = R$ 436,80	
Valor bruto do salário proporcional	R$ 436,80

Para calcular qualquer outra jornada de trabalho, basta alterar a quantidade de horas/mês que se for contratar.

ATENÇÃO!

Se necessitar da pessoa por mais de 25 horas semanais, então o contrato será o de regime integral.

15.2. O empregado doméstico por regime de tempo parcial também pode fazer hora extra desde que com prévio acordo escrito

Diferentemente do empregado em regime integral que pode fazer tantas horas extras quanto forem necessárias no dia, o empregado em regime parcial de tempo somente poderá fazer 1 hora extra por dia, e sua carga horária não poderá exceder 6 horas, e para que isso aconteça é necessária existência de acordo escrito prévio.

§ 2º. A duração normal do trabalho do empregado em regime de tempo parcial poderá ser acrescida de horas suplementares, em número não excedente a 1 (uma) hora diária, mediante acordo escrito entre empregador e empregado, aplicando-se-lhe, ainda, o disposto nos §§ 2º e 3º do artigo 2º, com o limite máximo de 6 (seis) horas diárias.

Para cálculo do valor da hora extra basta acrescer 50% ao valor já apurado para o cálculo do salário.

Cálculo salário HORA extra regime parcial: R$ 4,55 + 50% (R$ 2,28) = R$ 6,83	
Valor bruto do salário HORA extra regime parcial 25h	R$ 6,83

ATENÇÃO!
Quando se tratar de empregado doméstico em regime de tempo parcial, há necessidade de, quando da contratação, formalizar acordo (vide **Modelo 7**, p. 83) para execução das horas extras e, essas horas deverão ser PAGAS.

De acordo com os termos do § 2º do artigo 3º anteriormente transcrito, entendemos que a Lei não prevê a compensação de horas para o trabalhador em regime de tempo parcial. Mesmo porque esta é uma concessão tão somente para o empregado doméstico, pois a CLT proíbe execução de horas extras para empregados sob o regime de tempo parcial (§ 4º, artigo 59 da CLT).

15.3. Trabalho aos domingos e feriados por empregado em regime de tempo parcial

Embora não haja previsão expressa, não há proibição para que o empregado em regime de tempo parcial também possa executar serviços nos feriados e domingos. Respeitando sua jornada normal de trabalho (o máximo de 5 horas/dia se contratado por 25h sema-

38 | GUIA PRÁTICO DO EMPREGADO DOMÉSTICO

nais) ao trabalhar nesses dias terá direito ao valor do dia trabalhado em dobro.

Cálculo salário DIA regime tempo parcial (24h): R$ 436,80/30 = R$ 14,56	
Valor (hipotético) bruto do salário DIA regime parcial 24h	R$ 14,56
Valor (hipotético) bruto do salário DIA em feriados e domingos – regime parcial 24h	R$ 29,12

16. DO HORÁRIO 12 x 36

O artigo 10 da Lei prevê a possibilidade de o empregado doméstico trabalhar 12 horas e descansar 36 horas, sem interrupção. Neste caso aplica-se o já existente na legislação trabalhista quanto a prorrogação de trabalho em horário noturno e aos descansos nos dias feriados.

Art. 10. É facultado às partes, mediante acordo escrito entre essas, estabelecer horário de trabalho de 12 (doze) horas seguidas por 36 (trinta e seis) horas ininterruptas de descanso, observados ou indenizados os intervalos para repouso e alimentação.

§ 1º. A remuneração mensal pactuada pelo horário previsto no *caput* deste artigo abrange os pagamentos devidos pelo descanso semanal remunerado e pelo descanso em feriados, e serão considerados compensados os feriados e as prorrogações de trabalho noturno, quando houver, de que tratam o artigo 70 e o § 5º do artigo 73 da Consolidação das Leis do Trabalho (CLT), aprovada pelo Decreto-Lei nº 5.452, de 1º de maio de 1943, e o artigo 9º da Lei nº 605, de 5 de janeiro de 1949.

De acordo com a Consolidação das Leis do Trabalho (CLT):

Art. 70. Salvo o disposto nos artigos 68 e 69, é vedado o trabalho em dias feriados nacionais e feriados religiosos, nos termos da legislação própria.

Art. 73. (...) § 5º. Às prorrogações do trabalho noturno aplica-se o disposto neste capítulo.

Ainda, no artigo 9º da Lei nº 605, de 5 de janeiro de 1949:

Art. 9º. Nas atividades em que não for possível, em virtude das exigências técnicas das empresas, a suspensão do trabalho, nos dias feriados civis e religiosos, a remuneração será paga em dobro, salvo se o empregador determinar outro dia de folga.

É necessário formalizar acordo escrito (vide **Modelo 8, p.** 84).

O empregado que se submete a este tipo de jornada, na prática, trabalha quatro dias em uma semana (equivalente a 48h) e três na semana seguinte (36h), o que resulta, em média, 42h de trabalho na semana. Esse tipo de jornada não observa domingos e feriados, mas o empregado tem o direito a essas folgas como previsto em lei.

Assim, quando sua jornada recair em domingos e feriados deverá receber seu salário em dobro nesses dias, ou poderá retornar ao trabalho no dia seguinte.

Há que se observar, ainda, os repousos para descanso e alimentação. Mas, se houver acordo, o empregado poderá ter a hora de intervalo indenizada e seu valor equivalerá a hora extra.

17. DO TRABALHO EM VIAGEM

É comum o empregador solicitar os serviços do trabalhador doméstico em viagem de férias da família ou mesmo a trabalho.

Para que isso ocorra, a partir da vigência da Lei Complementar nº 150/2015, é necessário prévio acordo escrito entre as partes (vide **Modelo 9**, p. 85), bem como terá o trabalhador o direito de acréscimo, no mínimo, de 25% sobre seu salário hora normal ou conversão em acréscimo no banco de horas.

Além do acréscimo no valor da hora em viagem, o final do *caput* do artigo 18 veda ao empregador doméstico efetuar descontos no salário do empregado por despesas com transporte, hospedagem e alimentação em caso de acompanhamento em viagem.

Certo ainda que essas despesas (§ 3º do artigo 18) não têm natureza salarial nem se incorporam à remuneração para quaisquer efeitos.

> **Art. 11.** Em relação ao empregado responsável por acompanhar o empregador prestando serviços em viagem, serão consideradas apenas as horas efetivamente trabalhadas no período, podendo ser compensadas as horas extraordinárias em outro dia, observado o artigo 2º.

40 | GUIA PRÁTICO DO EMPREGADO DOMÉSTICO

§ 1º. O acompanhamento do empregador pelo empregado em viagem será condicionado à prévia existência de acordo escrito entre as partes.

§ 2º. A remuneração-hora do serviço em viagem será, no mínimo, 25% (vinte e cinco por cento) superior ao valor do salário-hora normal.

§ 3º. O disposto no § 2º deste artigo poderá ser, mediante acordo, convertido em acréscimo no banco de horas, a ser utilizado a critério do empregado.

Em nosso entender, a Lei não dirimiu dúvidas quanto a hora extra do empregado em viagem. Há quem entenda que a partir do momento em que o empregado está em viagem tem direito a receber pelas horas que permanece à disposição do empregador.

O fato é que poderá lhe ser solicitado serviços no período de 8 horas diárias, para as quais receberá com acréscimo de 25%. Caso trabalhe acima desse tempo terá direito a hora extra (acréscimo de 50%) que deverá ser calculada sobre o valor da hora em viagem (hora normal mais 25%). Esses valores poderão ser convertidos em créditos no banco de horas do empregado.

É fato, também, que o empregado terá seus momentos de descanso, uma vez que deverá ser respeitado o intervalo de pelo 11 horas de descanso entre as jornadas de trabalho e, embora não esteja em sua casa, não estará à disposição do empregador.

Somos pelo bom senso. A Lei já determina um acréscimo de 25% sobre a jornada normal de trabalho que se pode considerar um pagamento indireto de se estar à disposição do empregador em outro local que não o de sua residência. Se houver trabalho superior às 8 horas, terá direito ao acréscimo legal por hora extra. E mais, o § 1º do artigo em comento é explícito que deverá haver acordo escrito prévio com as regras da viagem.

O importante, tanto para o empregado como para o empregador, é manter tudo devidamente anotado, inclusive levando o livro ou cartão de ponto.

18. EMPREGADO QUE RESIDE NO LOCAL DE TRABALHO

Para o empregado que reside no trabalho, as regras são as mesmas do empregado em regime de tempo integral.

A Lei deixa claro que os intervalos previstos, o tempo de repouso, as horas não trabalhadas, os feriados e os domingos livres não serão computados como horário de trabalho (§ 7º do artigo 2º).

Assim, o empregado doméstico que residir no local de trabalho, quando não estiver trabalhando, estará efetivamente em gozo de repouso de intervalos entre jornadas, descansos aos domingos e feriados.

> Art. 2º. (...) § 7º. Os intervalos previstos nesta Lei, o tempo de repouso, as horas não trabalhadas, os feriados e os domingos livres em que o empregado que mora no local de trabalho nele permaneça não serão computados como horário de trabalho.

Em relação ao período de intervalo durante o dia, para o empregado que reside no local de trabalho, a Lei prevê que poderá ser de até quatro horas bem como desmembrado em dois períodos, desde que cada um deles tenha o mínimo de uma hora e o máximo de duas.

> Art. 13. (...) § 1º. Caso o empregado resida no local de trabalho, o período de intervalo poderá ser desmembrado em 2 (dois) períodos, desde que cada um deles tenha, no mínimo, 1 (uma) hora, até o limite de 4 (quatro) horas ao dia.

EXEMPLO: a jornada de trabalho começa às 7h, faz-se intervalo de quatro horas no horário de almoço, retorna ao trabalho às 16h e encerra suas atividades às 19h.

ATENÇÃO!
Observar o intervalo mínimo de 11 horas de descanso entre as jornadas.

Observe-se que os intervalos devem ser regulares, ou seja, sempre nos mesmos horários devidamente anotados no livro/cartão de ponto. Caso haja modificação do intervalo, deve ser devidamente anotado, quando da sua ocorrência, no registro diário de trabalho.

> Art. 13. (...) § 2º. Em caso de modificação do intervalo, na forma do § 1º, é obrigatória a sua anotação no registro diário de horário, vedada sua prenotação.

Importante frisar que o fornecimento de moradia ao empregado doméstico na própria residência ou em morada anexa, de qualquer

42 | GUIA PRÁTICO DO EMPREGADO DOMÉSTICO

natureza, não gera ao empregado qualquer direito de posse ou de propriedade sobre a referida moradia (§ 4º do artigo 18).

Finalmente lembramos que, nos termos do artigo 18 da Lei Complementar, é vedado ao empregador doméstico efetuar descontos no salário do empregado por fornecimento de alimentação, vestuário, higiene ou moradia.

19. DIREITO ÀS FÉRIAS

O empregado doméstico que trabalha no regime de tempo integral e que não tiver faltas injustificadas durante o ano, terá direito a 30 dias de férias anuais remuneradas após cada período de 12 meses de trabalho.

> **Art. 17.** O empregado doméstico terá direito a férias anuais remuneradas de 30 (trinta) dias, salvo o disposto no § 3º do artigo 3º, com acréscimo de, pelo menos, um terço do salário normal, após cada período de 12 meses de trabalho prestado à mesma pessoa ou família.

O período de férias poderá, a critério do empregador, ser fracionado em até dois períodos, sendo um deles de no mínimo 14 dias corridos (§ 2º do artigo 17); e o empregador tem o dever de concedê-las nos 12 meses subsequentes à data em que o empregado tiver adquirido o direito (§ 6º do artigo 17).

Ademais, pode o empregado converter um terço do período de férias a que tiver direito em abono pecuniário no valor da remuneração que lhe seria devida nos dias correspondentes (§ 3º do artigo 17), sendo certo que para ter esse direito deverá, em até 30 dias antes do término do período aquisitivo (ou seja, 30 dias antes de finalizar um ano de trabalho), fazer a solicitação ao empregador (§ 4º, artigo 17) (vide **Modelo 10,** p. 86).

De acordo com o artigo 145 da CLT o pagamento da remuneração das férias e abono serão efetuados até dois dias antes do início do respectivo período.

Vale lembrar que os adicionais por trabalho extraordinário e noturno que são computados no salário servirá de base ao cálculo da remuneração das férias. Caso as horas extraordinárias e noturnas não sejam uniformes durante o período aquisitivo, deve-se computar a média duodecimal recebida naquele período, após a atualização das importâncias pagas, mediante incidência dos percentuais de reajustamentos salariais supervenientes (§§ 5º e 6º do art. 142 da CLT).

Em outras palavras, para o cálculo das férias deve-se levar em consideração as horas extras e noturnas pagas, bem como valor do salário atual do empregado.

19.1. Como calcular?

Ao final do presente trabalho o leitor encontrará planilhas com as orientações dentro de particularidades (salário com e sem incidência de IR; com abono de 1/3 ou não; e com adiantamento ou não da primeira parcela do 13º salário).

No caso do empregado que trabalha na modalidade do regime de tempo parcial o cálculo das férias é diferenciado. Após o período aquisitivo de 12 meses, nos termos do § 3º do artigo 3º, se ele não tiver faltas injustificadas, terá direito a férias na seguinte proporção:

QUANTIDADE DE HORAS DE TRABALHO SEMANAL	QUANTIDADE DE DIAS DE FÉRIAS
= ou inferior a 5	8
Mais de 5 até 10	10
Mais de 10 até 15	12
Mais de 15 até 20	14
Mais de 20 até 22	16
Mais de 22 até 25	18

Lembrando do artigo 19 da Lei que remete em subsidiariedade as normas da Consolidação das Leis do Trabalho (CLT), há que se observar a proporcionalidade de dias de férias a que tem direito o empregado no caso de ter faltas durante o ano aquisitivo. O artigo 130 da CLT determina:

44 | GUIA PRÁTICO DO EMPREGADO DOMÉSTICO

QUANTIDADE DE DIAS DE FALTAS	QUANTIDADE DE DIAS DE FÉRIAS
= ou inferior a 5	30
De 6 a 14	24
De 15 a 23	18
De 24 a 32	12

Na modalidade do regime de tempo parcial, o empregado que tiver mais de sete faltas injustificadas ao longo do período aquisitivo terá o seu período de férias reduzido à metade (parágrafo único do artigo 130-A da CLT).

Nos termos do § 3º do artigo 143 da CLT, o empregado sob o regime de tempo parcial NÃO TEM DIREITO AO ABONO PECUNIÁRIO DE 1/3 DE SUAS FÉRIAS. Ou seja, ele não pode vender parte das férias.

Além das justificativas de falta por um dia de serviço já comentadas, quando tratamos do desconto do descanso semanal remunerado, a CLT, no seu artigo 131, elenca motivos para os quais também não são consideradas faltas ao serviço para efeito de contagem de dias para as férias:

II – durante o licenciamento compulsório da empregada por motivo de maternidade ou aborto, observados os requisitos para percepção do salário-maternidade custeado pela Previdência Social;

III – por motivo de acidente do trabalho ou enfermidade atestada pelo Instituto Nacional do Seguro Social – INSS, excetuada a hipótese do inciso IV do artigo 133;

IV – justificada pela empresa, entendendo-se como tal a que não tiver determinado o desconto do correspondente salário;

V – durante a suspensão preventiva para responder a inquérito administrativo ou de prisão preventiva, quando for impronunciado ou absolvido; e

VI – nos dias em que não tenha havido serviço, salvo na hipótese do inciso III do artigo 133.

O artigo 133 da CLT elenca os motivos em que o empregado perde o direito a férias:

I – deixar o emprego e não for readmitido dentro de 60 (sessenta) dias subsequentes à sua saída;

II – permanecer em gozo de licença, com percepção de salários, por mais de 30 (trinta) dias;
III – deixar de trabalhar, com percepção do salário, por mais de 30 (trinta) dias, em virtude de paralisação parcial ou total dos serviços da empresa; e
IV – tiver percebido da Previdência Social prestações de acidente de trabalho ou de auxílio-doença por mais de 6 (seis) meses, embora descontínuos.

§ 1º. A interrupção da prestação de serviços deverá ser anotada na Carteira de Trabalho e Previdência Social.

§ 2º. Iniciar-se-á o decurso de novo período aquisitivo quando o empregado, após o implemento de qualquer das condições previstas neste artigo, retornar ao serviço.

§ 3º. Para os fins previstos no inciso III deste artigo a empresa comunicará ao órgão local do Ministério do Trabalho, com antecedência mínima de 15 (quinze) dias, as datas de início e fim da paralisação total ou parcial dos serviços da empresa, e, em igual prazo, comunicará, nos mesmos termos, ao sindicato representativo da categoria profissional, bem como afixará aviso nos respectivos locais de trabalho.

Finalmente, vale lembrar que é lícito ao empregado que reside no local de trabalho ali permanecer durante as férias (§ 5º do artigo 17).

19.2. Da concessão e da época das férias

Cabe ao empregador conceder as férias ao empregado nos 12 meses subsequentes à data em que o empregado tiver adquirido o direito (artigo 134 da CLT), e deverá ser participada por escrito ao empregado (artigo 135 da CLT), com antecedência de, no mínimo, 30 dias, mediante recibo de ciência do empregado (vide **Modelo 11**, p. 87-8).

Nos termos do artigo 136 da CLT, a época da concessão das férias será a que melhor atenda aos interesses do empregador.

 ATENÇÃO!
O empregado não poderá entrar em gozo das férias sem que apresente ao empregador sua Carteira de Trabalho para que nela seja anotada a respectiva concessão.

20. DA GRATIFICAÇÃO DE NATAL

20.1. Como calcular?

A gratificação de Natal é um direito do trabalhador e foi criada pela Lei nº 4.090, de 13 de julho de 1962.

Assim, a cada mês trabalhado no ano, o empregado terá direito a 1/12 avos da remuneração devida em dezembro. Se o empregado trabalhou pelo menos 15 dias no mês já adquire o direito a 1/12 avos do 13º salário, observando que as faltas justificadas não podem ser contadas para dedução de dia trabalhado no mês para o cálculo.

EXEMPLO: o empregado é contratado no dia 25 de março, com salário de R$ 1.000,00. No mês de outubro o salário é reajustado para R$ 1.200,00. Nesse ano o cálculo para pagamento do 13º salário deve ocorrer da seguinte forma:

Exemplo de cálculo do 13º salário: R$ 1.200,00 / 12 = R$ 100,00
Início da atividade: 25/3, portanto, conta-se de abril a dezembro = 9 meses R$ 100,00 x 9 = R$ 900,00

Se não houve aumento de salário durante o ano, o cálculo será pelos R$ 1.000,00, representando R$ 83,33 por mês trabalhado que multiplicado por 9 meses é igual a R$ 750,00.

Se o empregado trabalhou o ano todo, deverá receber o valor de um salário no valor de dezembro a título de gratificação de Natal.

ATENÇÃO!
Se as horas extras e adicionais noturnos forem frequentes dever-se apurar o valor médio e considerá-los para pagamento do 13º salário.

Observe-se, por outro lado, que as faltas não justificadas pelo empregado (as faltas por acidente no trabalho não estão incluídas aqui) ocorridas entre 1º de janeiro e 31 de dezembro de cada ano, serão consideradas para desconto de 1/12 do 13º salário. Assim, se as faltas forem superiores a 15 dias dentro do mesmo mês, o empregado perderá o direito a 1/12 do 13º salário. Nos meses com 31, 30 e 28 dias, se o empregado faltar injustificadamente 17, 16 e 14 dias respectivamente, não fará jus ao 13º salário no referido mês. Contudo, as faltas justificadas não influenciarão no pagamento do 13º salário.

20.2. Como pagar?

A Lei nº 4.749, de 12 de agosto de 1965, regulamentou a forma de pagamento da gratificação de Natal. Ela deve ser paga até o dia 20 de dezembro de cada ano, compensando-se o que o empregado houver recebido a título de adiantamento.

A Lei determina que entre os meses de fevereiro a novembro de cada ano, o empregador deve pagar, de uma só vez, a metade do salário recebido pelo empregado no mês anterior a título de adiantamento do 13º salário.

Esse adiantamento pode ser pago quando o empregado tirar férias, desde que ele faça o requerimento no mês de janeiro (vide **Modelo 12,** p. 89).

Em resumo: entre fevereiro e novembro do ano, o empregador deve pagar metade do 13º salário ao empregado doméstico. A outra metade deve ser paga no mês de dezembro até o dia 20. Quem escolhe quando vai pagar é o empregador, exceto se o empregado pedir que isso aconteça quando ele gozar suas férias.

Assim, no caso do empregado que tem reajuste de salário no meio do ano, como fica?

EXEMPLO: O empregado requisitou metade do 13º salário junto com o recebimento do adiantamento de suas férias, que ocorreram em julho. Ele recebia R$ 1.000,00 e, portanto, o empregador pagou-lhe R$ 500,00. Em dezembro, o salário, devido ao reajuste, passou para R$ 1.200,00, a título de 13º salário, portanto, tem direito a receber R$ 1.200,00. O empregador, até o dia 20, deverá lhe pagar R$ 700,00, a diferença entre o que ele pagou anteriormente (R$ 500,00) do salário atual (R$ 1.200,00).

ATENÇÃO!

Sobre o 13º salário incide desconto/recolhimento de INSS que deverá ocorrer no mês de dezembro/janeiro. Ou seja, quando do pagamento da primeira parcela, o empregado recebe os 50% brutos; em dezembro é que se desconta o INSS do empregado, pelo total do valor do salário de dezembro, assim como se faz o seu recolhimento em janeiro do ano seguinte.

21. DO VALE TRANSPORTE

O vale transporte foi instituído pela Lei nº 7.418, de 16 de dezembro de 1985. Trata-se de adiantamento ao empregado de valor a ser utilizado em despesas de deslocamento residência-trabalho e vice-versa, por meio do sistema de transporte coletivo público, urbano ou intermunicipal e/ou interestadual com características semelhantes aos urbanos.

O vale transporte não tem natureza salarial nem se incorpora à remuneração, assim como também não constitui base de incidência de contribuição previdenciária ou de Fundo de Garantia por Tempo de Serviço, nem como rendimento tributável ao trabalhador (não incidência para o Imposto de Renda).

A Lei determina que o empregador adquira o vale transporte necessário aos deslocamentos do trabalhador no percurso residência-trabalho e vice-versa (ou seja, se o empregado tem de utilizar duas linhas de ônibus para chegar ao trabalho, o empregador deverá calcular 4 passes diários), em forma de antecipação salarial e efetivará o desconto do valor de até 6% do salário básico (bruto) do trabalhador.

EXEMPLO: o empregado necessita de 4 passes por dia ao custo de R$ 4,00 cada. Se ele trabalha de segunda-feira a sábado, então são 24 passes por semana e 96 por mês no total de R$ 384,00. O empregador compra os passes antecipadamente para o trabalhador. Quando do pagamento do salário (no valor hipotético de R$ 1.000,00 por mês), ele descontará 6% do valor da remuneração do empregado que corresponde a R$ 60,00. Ou seja, além do salário, o empregador arcará com o passe do empregado no valor da diferença para integralizar a compra dos passes: R$ 324,00.

O parágrafo único do artigo 19 da Lei Complementar nº 150/2015 permite que, a critério do empregador, este poderá, mediante recibo, adiantar os valores para a aquisição das passagens.

Ademais, é importante ainda, sempre que se entregar os passes ou o dinheiro para sua aquisição, formalizar essa entrega por meio de recibo (vide **Modelo 13**, p. 90).

ATENÇÃO!

O valor a ser adiantado refere-se à totalidade das despesas. Somente quando do pagamento do salário é que se efetuará o desconto de 6% do salário.

22. DO SALÁRIO-FAMÍLIA

O salário-família é o benefício pago pela Previdência Social na proporção do respectivo número de filhos ou equiparados de qualquer condição até a idade de 14 anos ou inválido de qualquer idade.

Nos termos do parágrafo único do artigo 67 da Lei nº 8.213, de 24 de julho de 1991, alterado pela Lei Complementar nº 150/2015, para receber o salário-família basta que o empregado doméstico apresente ao empregador a certidão de nascimento do filho ou equiparado.

Dessa forma, as cotas do salário-família serão pagas pelo empregador doméstico, mensalmente junto com o salário, efetivando-se a compensação quando do recolhimento das contribuições.

MUITA ATENÇÃO!

O empregador deverá conservar durante 10 anos os comprovantes de pagamento e as cópias das certidões correspondentes para fiscalização da Previdência Social.

50 | GUIA PRÁTICO DO EMPREGADO DOMÉSTICO

22.1. Qual é o valor do salário-família?

O INSS anualmente regulamenta esses valores. A partir de 1º de janeiro de 2015 está vigente a seguinte tabela:

Se a remuneração mensal não for superior a R$ 725,02 o salário-família será de R$ 37,18 por filho.
Se a remuneração mensal for superior a R$ 725,02 e igual ou inferior a R$ 1.089,72 o salário-família será de R$ 26,20 por filho.

EXEMPLO: O salário do empregado é de R$ 1.000,00, ele apresentou duas certidões de nascimento com filhos menores de 14 anos. Então ele tem direito a duas cotas de R$ 26,20, ou seja, R$ 52,40.

Se nesse mês ele trabalhou em um feriado e um domingo, e a opção foi de pagamento desses dias trabalhados, sua remuneração foi acrescida de R$ 66,66 duas vezes, ou seja, ele irá receber R$ 1.133,32 de salário, portanto, acima do limite de R$ 1.089,72. Então, neste mês não terá direito ao recebimento do salário-família.

22.2. Como funciona?

O empregador inclui o valor devido a título de salário-família nos cálculos do salário do empregado, faz o seu pagamento até o 5º dia útil do mês subsequente ao trabalhado, juntamente com o pagamento do salário, e, quando for efetuar os recolhimentos de INSS, desconta o que pagou ao empregado do valor total que deveria recolher.

Assim sendo, é muito importante que o empregador doméstico tenha um arquivo com todos os documentos referentes à relação empregatícia com seu empregado doméstico, principalmente neste caso de salário-família, já que o INSS a qualquer momento e pelo período de 10 anos, poderá solicitar comprovação de que o empregado doméstico tinha direito àquele recebimento.

23. DOS DEMAIS DIREITOS DO EMPREGADO DOMÉSTICO

23.1. Seguro obrigatório da Previdência Social

O empregado doméstico é segurado obrigatório da Previdência Social, sendo-lhe devidas as mesmas prestações previstas para todo e qualquer empregado, conforme dispõe o artigo 20 da Lei nº 8.213, de 24 de julho de 1991.

Em outras palavras, terá direito a auxílio-acidente, doença, aposentadoria por invalidez, seus dependentes poderão receber pensão por morte, auxílio reclusão e tudo o mais previsto na Lei para todo e qualquer empregado.

Portanto, de suma importância que o empregador registre o empregado, recolha todos os encargos e faça todas as anotações determinadas em Lei, ao mesmo tempo que tudo isso deve ser uma exigência do empregado para com o empregador a fim de que lhe sejam assegurados os direitos previdenciários.

23.2. Fundo de Garantia do Tempo de Serviço (FGTS)

Nos termos do artigo 21 da nova Lei, passa a ser obrigatória a inclusão do empregado doméstico no Fundo de Garantia do Tempo de Serviço (FGTS) de forma idêntica aos demais empregados.

Todavia, o detalhe é que o empregador doméstico somente terá obrigação de promover a inscrição do empregado e efetuar os recolhimentos após a entrada em vigor de regulamento a ser editado pelo Conselho Curador e pelo agente operador do FGTS.

ATENÇÃO!

Até a edição do presente Guia, tal regulamento ainda não tinha sido editado, sendo certo que quando de sua edição haverá divulgação em massa e orientações específicas que deverão ser IMEDIATAMENTE seguidas pelo empregador doméstico.

52 | GUIA PRÁTICO DO EMPREGADO DOMÉSTICO

23.2.1. *Quem já recolhe o FGTS do seu empregado, como fica?*

Quem já recolhe o FGTS para o seu empregado doméstico deverá continuar a fazê-lo, sem problemas, pois já existe uma conta vinculada ao FGTS em nome do empregado e sob a responsabilidade do empregador, pois não houve alteração na porcentagem de recolhimento. Contudo, após a regulamentação será criada uma nova conta para o depósito da indenização compensatória equivalente a 3,2% sobre a remuneração, o que não interferirá na conta de FGTS já existente.

23.3. Indenização compensatória por perda do empregado sem justa causa ou por culpa do empregador

A Lei Complementar inova e prima pela segurança do empregador e do trabalhador doméstico!

Nos termos do *caput* do artigo 22, mensalmente o empregador deverá depositar a importância equivalente a 3,2% sobre a remuneração devida no mês anterior a cada empregado que tiver.

Observe-se que a porcentagem é sobre o valor da remuneração do mês anterior no qual pode ter ocorrido a incidência de horas extras, trabalho noturno ou em domingos e feriados. Dessa forma, todo mês o empregador deverá calcular quanto representa 3,2% da remuneração (assim como os 8% e o INSS).

Diante disso, esses valores serão depositados na conta vinculada do FGTS do empregado, sujeitando-se a todas as regras relativas ao FGTS – Lei nº 8.036, de 11 de maio de 1990, e da Lei nº 8.844, de 20 de janeiro de 1994 –, inclusive quanto a sujeição passiva e equiparações, prazo de recolhimento, administração, fiscalização, lançamento, consulta, cobrança, garantias, processo administrativo de determinação e exigência de créditos tributários federais.

Todavia, permanecerá em variação distinta daquela em que se encontrarem os valores oriundos dos recolhimentos do FGTS propriamente dito (8% sobre a remuneração) e somente poderão ser movimentados **por ocasião da rescisão contratual**.

O montante desses valores será destinado ao pagamento da indenização compensatória da perda do emprego sem justa causa ou por culpa do empregador.

Assim, quando da rescisão contratual de trabalho de empregado doméstico, ao invés de se aplicar a legislação relativa ao FGTS que prevê a multa indenizatória de 40% sobre o montante de todos os depósitos de FGTS ou de 20% quando a culpa é recíproca, o empregador faz o depósito, antecipado e mensalmente, paralelamente ao recolhimento do FGTS.

As regras de saque a serem seguidas (previstas nos parágrafos do artigo 22) são as seguintes:

a) nas hipóteses de dispensa por justa causa ou a pedido, de término do contrato de trabalho por prazo determinado, de aposentadoria e de falecimento do empregado doméstico, os valores previstos no *caput* serão movimentados pelo empregador;

b) na hipótese de culpa recíproca, metade dos valores depositados será movimentada pelo empregado, enquanto a outra metade será movimentada pelo empregador.

Da mesma forma para o recolhimento do FGTS da alíquota de 8%, o empregador doméstico somente terá obrigação de promover esse recolhimento após a entrada em vigor do regulamento a ser editado pelo Conselho Curador e pelo agente operador do FGTS.

23.4. Da licença-maternidade

A empregada doméstica gestante tem direito a licença-maternidade de 120 dias, sem prejuízo do emprego e do salário (artigo 25), sendo-lhe garantida a estabilidade provisória, mesmo que a confirmação do estado de gravidez ocorra durante o prazo do aviso prévio trabalhado ou indenizado, conforme as regras da CLT:

Art. 391. Não constitui justo motivo para a rescisão do contrato de trabalho da mulher o fato de haver contraído matrimônio ou de encontrar-se em estado de gravidez.

Parágrafo único. Não serão permitidos em regulamentos de qualquer natureza contratos coletivos ou individuais de trabalho, restrições ao direito da mulher ao seu emprego, por motivo de casamento ou de gravidez.

Art. 391-A. A confirmação do estado de gravidez advindo no curso do contrato de trabalho, ainda que durante o prazo do aviso prévio trabalhado ou indenizado, garante à empregada gestante a

54 | GUIA PRÁTICO DO EMPREGADO DOMÉSTICO

estabilidade provisória prevista na alínea "b" do inciso II do artigo 10 do Ato das Disposições Constitucionais Transitórias.

Art. 392. A empregada gestante tem direito à licença-maternidade de 120 (cento e vinte) dias, sem prejuízo do emprego e do salário.

§ 1º. A empregada deve, mediante atestado médico, notificar o seu empregador da data do início do afastamento do emprego, que poderá ocorrer entre o 28º (vigésimo oitavo) dia antes do parto e ocorrência deste.

§ 2º. Os períodos de repouso, antes e depois do parto, poderão ser aumentados de 2 (duas) semanas cada um, mediante atestado médico.

§ 3º. Em caso de parto antecipado, a mulher terá direito aos 120 (cento e vinte) dias previstos neste artigo.

§ 4º. É garantido à empregada, durante a gravidez, sem prejuízo do salário e demais direitos:

I – transferência de função, quando as condições de saúde o exigirem, assegurada a retomada da função anteriormente exercida, logo após o retorno ao trabalho;

II – dispensa do horário de trabalho pelo tempo necessário para a realização de, no mínimo, seis consultas médicas e demais exames complementares.

Art. 392-A. À empregada que adotar ou obtiver guarda judicial para fins de adoção de criança será concedida licença-maternidade nos termos do artigo 392. (...)

§ 4º. A licença-maternidade só será concedida mediante apresentação do termo judicial de guarda à adotante ou guardiã.

§ 5º. A adoção ou guarda judicial conjunta ensejará a concessão de licença-maternidade a apenas um dos adotantes ou guardiães empregado ou empregada.

Art. 392-B. Em caso de morte da genitora, é assegurado ao cônjuge ou companheiro empregado o gozo de licença por todo o período da licença-maternidade ou pelo tempo restante a que teria direito a mãe, exceto no caso de falecimento do filho ou de seu abandono.

Art. 392-C. Aplica-se, no que couber, o disposto no artigo 392-A e 392-B ao empregado que adotar ou obtiver guarda judicial para fins de adoção.

Art. 393. Durante o período a que se refere o artigo 392, a mulher terá direito ao salário integral e, quando variável, calculado de acordo com a média dos 6 (seis) últimos meses de trabalho, bem

A NOVA LEI | 55

como os direitos e vantagens adquiridos, sendo-lhe ainda facultado reverter à função que anteriormente ocupava.

Art. 394. Mediante atestado médico, à mulher grávida é facultado romper o compromisso resultante de qualquer contrato de trabalho, desde que este seja prejudicial à gestação.

Art. 395. Em caso de aborto não criminoso, comprovado por atestado médico oficial, a mulher terá um repouso remunerado de 2 (duas) semanas, ficando-lhe assegurado o direito de retornar à função que ocupava antes de seu afastamento.

Art. 396. Para amamentar o próprio filho, até que este complete 6 (seis) meses de idade, a mulher terá direito, durante a jornada de trabalho, a 2 (dois) descansos especiais, de meia hora cada um.

Parágrafo único. Quando o exigir a saúde do filho, o período de 6 (seis) meses poderá ser dilatado, a critério da autoridade competente.

Art. 397. O SESI, o SESC, a LBA e outras entidades públicas destinadas à assistência à infância manterão ou subvencionarão, de acordo com suas possibilidades financeiras, escolas maternais e jardins de infância, distribuídos nas zonas de maior densidade de trabalhadores, destinados especialmente aos filhos das mulheres empregadas.

Art. 399. O Ministro do Trabalho, Indústria e Comércio conferirá diploma de benemerência aos empregadores que se distinguirem pela organização e manutenção de creches e de instituições de proteção aos menores em idade pré-escolar, desde que tais serviços se recomendem por sua generosidade e pela eficiência das respectivas instalações.

Art. 400. Os locais destinados à guarda dos filhos das operárias durante o período da amamentação deverão possuir, no mínimo, um berçário, uma saleta de amamentação, uma cozinha dietética e uma instalação sanitária.

23.5. Da licença-paternidade

Originariamente estava prevista no artigo 473 da CLT, como um único dia. Todavia, a Constituição Federal de 1988 (artigo 7º, inciso XIX, e artigo 10, § 1º, do Ato das Disposições Constitucionais Transitórias) aumentou para 5 dias.

O intuito da Lei foi permitir ao pai tempo suficiente para efetuar o registro do filho, assim como, além de ficar próximo do bebê recém-nascido, auxiliar a mãe nos primeiros dias após o parto.

56 | GUIA PRÁTICO DO EMPREGADO DOMÉSTICO

Ainda não houve regulamentação sobre a licença-paternidade, havendo entendimentos de que a contagem dos dias deve se iniciar em dia útil, a fim de que se cumpra a intenção da Lei. Essa dúvida tem sido dirimida, em outras categorias profissionais, por meio das respectivas convenções coletivas.

No caso do empregado doméstico pode-se observar os costumes do local para aplicação do início da ausência. No entanto, entendemos que a contagem deva se iniciar no dia seguinte ao do nascimento do filho.

23.6. Das ausências sem prejuízo do salário

O empregado doméstico passa a ser protegido pelo artigo 473 da CLT, o qual prevê que o empregado poderá deixar de comparecer ao serviço sem prejuízo de seu salário, desde que devidamente comprovado:

- até 2 dias consecutivos, em caso de falecimento do cônjuge, ascendente, descendente, irmão ou pessoa que, declarada em sua Carteira de Trabalho e Previdência Social, viva sob sua dependência econômica;
- até 3 dias consecutivos, em virtude de casamento;
- por um dia, em cada 12 meses de trabalho, em caso de doação voluntária de sangue devidamente comprovada;
- até 2 dias consecutivos ou não, para o fim de se alistar eleitor;
- no período de tempo em que tiver de cumprir as exigências do Serviço Militar;
- nos dias em que estiver comprovadamente realizando provas de exame vestibular para ingresso em estabelecimento de ensino superior;
- pelo tempo que se fizer necessário, quando tiver que comparecer a juízo;
- pelo tempo que se fizer necessário, quando, na qualidade de representante de entidade sindical, estiver participando de reunião oficial de organismo internacional do qual o Brasil seja membro.

Vale lembrar que a Lei nº 605/1949 também permite a ausência justificada em caso de acidente de trabalho ou doença. Além disso, não pode haver prejuízo no salário se o empregador, por conveniência, não quiser que o empregado vá trabalhar, assim como, a seu critério, em caso de falta do empregado por motivo outro que não esteja previsto em lei, entender que não se deve descontar o dia ou as horas não trabalhadas.

23.7. Do seguro-desemprego

O empregado doméstico que for dispensado SEM JUSTA CAUSA fará jus ao benefício do seguro-desemprego no valor de 1 salário mínimo por período máximo de 3 meses, de forma contínua ou alternada (artigo 26) na forma da Lei nº 7.998, de 11 de janeiro de 1990, com a redação dada pela Lei nº 13.134, de 16 de junho de 2015, e será concedido nos termos do regulamento do Conselho Deliberativo do Fundo de Amparo ao Trabalhador (Codefat) (§ 1º do artigo 26).

Nos termos do artigo 30, a duração do período aquisitivo para se ter direito ao seguro-desemprego será definido pelo Codefat, sendo certo ainda, que o empregado somente poderá obter novo seguro-desemprego se novamente respeitar o prazo desse período aquisitivo.

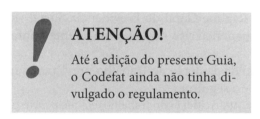

ATENÇÃO!
Até a edição do presente Guia, o Codefat ainda não tinha divulgado o regulamento.

O seguro-desemprego deverá ser requerido de 7 a 90 dias contados da data de dispensa (artigo 29).

Nos termos do artigo 28, para se habilitar ao benefício do seguro-desemprego, o trabalhador doméstico deverá apresentar ao órgão competente do Ministério do Trabalho e Emprego:

    I – Carteira de Trabalho e Previdência Social, na qual deverão constar a anotação do contrato de trabalho doméstico e a data de dispensa, de modo a comprovar o vínculo empregatício, como empregado doméstico, durante pelo menos 15 (quinze) meses nos últimos 24 (vinte e quatro) meses;

58 | GUIA PRÁTICO DO EMPREGADO DOMÉSTICO

II – termo de rescisão do contrato de trabalho;

III – declaração de que não está em gozo de benefício de prestação continuada da Previdência Social, exceto auxílio-acidente e pensão por morte; e

IV – declaração de que não possui renda própria de qualquer natureza suficiente à sua manutenção e de sua família.

O benefício do seguro-desemprego pode ser cancelado nos seguintes casos:

I – pela recusa, por parte do trabalhador desempregado, de outro emprego condizente com sua qualificação registrada ou declarada e com sua remuneração anterior;

II – por comprovação de falsidade na prestação das informações necessárias à habilitação;

III – por comprovação de fraude visando à percepção indevida do benefício do seguro-desemprego; ou

IV – por morte do segurado.

23.8. Do auxílio-acidente

A Lei Complementar nº 150/2015 alterou a Lei nº 8.213, de 24 de julho de 1991, inserindo o empregado doméstico na qualidade de segurado do Instituto Nacional do Seguro Social (INSS) a partir da data de filiação ao Regime Geral de Previdência Social (RGPS), podendo, portanto, beneficiar-se do auxílio-acidente conforme as regras ali dispostas.

A definição de acidente do trabalho prevista no artigo 19 da Lei nº 8.213/1991 é a seguinte:

Art. 19. Acidente do trabalho é o que ocorre pelo exercício do trabalho a serviço de empresa ou de empregador doméstico provocando lesão corporal ou perturbação funcional que cause a morte ou a perda ou redução, permanente ou temporária, da capacidade para o trabalho.

É importante saber que o empregador doméstico é obrigado a COMUNICAR o acidente do trabalho à Previdência Social até o primeiro dia útil seguinte ao da ocorrência e, em caso de morte, de imediato, à autoridade competente, sob pena de multa variável entre o limite mínimo e o limite máximo do salário de contribuição, sucessivamente aumentada nas reincidências, aplicada e cobrada pela Previdência Social (artigo 22 da Lei nº 8.213/1991).

Vale observar, ainda, que o empregado doméstico em gozo de auxílio-acidente será considerado pelo empregador doméstico como licenciado.

Sendo assim, acontecendo um acidente no trabalho, após comunicar o INSS, por 15 dias o empregado doméstico afastado receberá seu salário do empregador. A partir do 16º dia suspende-se o contrato de trabalho e tem início o benefício previdenciário que é pago pelo INSS.

No período em que o empregado doméstico estiver em licença e recebendo o auxílio-acidente o contrato de trabalho é considerado suspenso, não gerando, assim, efeitos.

23.9. Do auxílio-doença

O empregado doméstico tem direito também ao auxílio-doença, que, na prática, tem as mesmas características para aquisição e gozo do auxílio-acidente.

A diferença entre a licença médica e o afastamento decorrente de doença profissional ou acidente do trabalho está no fato de que, neste último caso (afastamento por acidente do trabalho), o empregado, após o retorno ao trabalho adquire uma estabilidade pela qual o empregador não poderá demiti-lo pelo período de um ano contado do retorno ao trabalho.

24. OS PAGAMENTOS MENSAIS

É muito importante que os pagamentos mensais sejam feitos mediante RECIBOS nos quais devem constar todos os cálculos. (Ao final apresentamos um modelo contendo todas as verbas possíveis de serem pagas ao empregado – vide **Modelo 17, p. 95.**)

Assim, se o salário do empregado é de R$ 1.000,00 por mês e não houve hora extra nem faltas, esse valor será a base de cálculo para o desconto do INSS do empregado, assim como do FGTS e demais encargos que o empregador deverá recolher, por exemplo:

30 dias SALÁRIO	(+) R$ 1.000,00
8% INSS do empregado	(-) R$ 80,00
SALÁRIO A PAGAR	(=) R$ 920,00

60 | GUIA PRÁTICO DO EMPREGADO DOMÉSTICO

24.1. Como calcular a integração das horas extras no Descanso Semanal Remunerado – DSR?

Contudo, se o empregado, por exemplo, que tem o salário de R$ 1.000,00, no mês de maio de 2015, trabalhou em regime de hora extra, duas horas por cinco dias. Como calculo o salário?

É importante aqui sabermos que será necessário se calcular a incidência do valor das horas extras trabalhadas no Descanso Semanal Remunerado (DSR) (Lei nº 605/1949 e seu regulamento no Decreto nº 27.048/1949).

Diante disso, esse cálculo é realizado da seguinte forma:

a) somam-se as horas extras do mês (em nosso caso são 10);

b) divide-se o total de horas pelo número de dias úteis do mês (maio de 2015 teve 25 dias úteis – atenção: conta-se sábado como dia útil, se não for feriado nesse dia de semana);

c) multiplica-se pelo número de domingos e feriados do mês (5 domingos e 1 feriado = 6);

d) multiplica-se pelo valor da hora extra com acréscimo.

Depois desses cálculos, já sabemos que o valor da hora extra para o salário de R$ 1.000,00 é de R$ 6,83 (vide tabela específica na seção **Cálculos**, p. 101-2). Logo, temos:

a) 10;

b) 10 : 25 = 0,40;

c) 0,40 x 6 = 2,40;

d) 2,40 x 6,83 = R$ 16,39.

Assim, no recibo deve constar:

30 dias SALÁRIO	(+) R$ 1.000,00
10 horas extras (+ 50%)	(+) R$ 68,30
Reflexo DSR	(+) R$ 16,39
BASE DE CÁLCULO INSS E FGTS	(=) R$ 1.084,69
8% INSS do empregado	(-) R$ 86,78
SALÁRIO A PAGAR	(=) R$ 997,91

24.2. Dos encargos do empregador

Vale lembrar que o empregador, quando da regulamentação, além de descontar o INSS do empregado e recolhê-lo, deverá recolher o INSS (8%) do empregador e o FGTS (8%), assim como a contribuição social para financiamento do seguro contra acidentes do trabalho (0,8%) e a reserva para indenização compensatória da perda do emprego (3,2%) sobre a mesma base cálculo do INSS do empregado, ou seja, somam-se todos pagamentos devidos a título de salário, hora extra, noturna etc.

Ao que parece, quando o Simples Doméstico puder ser utilizado, o empregador fornecerá o valor e o sistema automaticamente calculará os encargos a serem pagos, sendo certo ainda, que o empregador será obrigado a fornecer cópia desse comprovante de pagamento efetuado mensalmente ao seu empregado. (Lembrando, deverá ficar uma cópia para si, guardando-a junto com os demais documentos da relação empregatícia).

24.3. Enquanto o Simples Doméstico não for regulamentado

Enquanto o empregador não for obrigado a se inscrever no Simples Doméstico, deverá fornecer cópia dos recibos dos pagamentos mensais ao seu empregado, descontando o INSS do empregado e recolhendo a totalidade em guia própria, como já vem fazendo mensalmente.

Ademais, para os empregadores que já recolhem o FGTS do empregado, devem assim continuar fazendo.

25. A RESCISÃO CONTRATUAL

25.1. O aviso prévio – demissão sem justa causa

Não se tratando de contrato por tempo determinado, empregador ou empregado que, sem justo motivo, não desejar mais a continuidade do contrato deverá avisar a outra parte da sua intenção (artigo 23).

Esse aviso deve ser formalizado por escrito, tanto por parte do empregador quanto por parte do empregado (vide **Modelos 14, 15 e 16,** p. 91, 92 e 93-4, respectivamente). É o chamado AVISO PRÉVIO. Ele deverá ser concedido na proporção do tempo trabalhado:

62 | GUIA PRÁTICO DO EMPREGADO DOMÉSTICO

§ 1º. O aviso prévio será concedido na proporção de 30 (trinta) dias ao empregado que conte com até 1 (um) ano de serviço para o mesmo empregador.

§ 2º. Ao aviso prévio previsto neste artigo, devido ao empregado, serão acrescidos 3 (três) dias por ano de serviço prestado para o mesmo empregador, até o máximo de 60 (sessenta) dias, perfazendo um total de até 90 (noventa) dias.

A falta do aviso prévio por parte do **empregador** dá ao empregado o direito aos salários correspondentes ao prazo do aviso, com a integração desse período ao seu tempo de serviço.

A falta do aviso prévio por parte do **empregado** dá ao empregador o direito de descontar os salários correspondentes ao prazo respectivo.

Para o cálculo do aviso prévio indenizado (ou seja, ao invés de esperar os dias, o empregador indeniza o empregado e vice-versa) o valor das horas extraordinárias habituais deve ser considerado e integrar o aviso.

Todavia, no caso de cumprimento de aviso prévio, o horário normal de trabalho do empregado, quando a rescisão tiver sido promovida pelo empregador, será reduzido de duas horas diárias, sem prejuízo do salário integral. Mas pode o empregado trabalhar sem a redução das horas, podendo compensá-las, faltando do serviço por 7 dias corridos, também sem prejuízo do recebimento de seu salário integral.

Sendo assim, é necessário lembrar que o empregado deverá continuar anotando os horários de entrada e saída do trabalho no livro ou cartão de ponto.

25.2. Demissão por justa causa

O artigo 27 elenca os motivos para demissão por justa causa para o empregado doméstico:

Art. 27. Considera-se justa causa para os efeitos desta Lei:

I – submissão a maus tratos de idoso, de enfermo, de pessoa com deficiência ou de criança sob cuidado direto ou indireto do empregado;

II – prática de ato de improbidade;

III – incontinência de conduta ou mau procedimento;

A NOVA LEI | 63

IV – condenação criminal do empregado transitada em julgado, caso não tenha havido suspensão da execução da pena;
V – desídia no desempenho das respectivas funções;
VI – embriaguez habitual ou em serviço;
VIII – ato de indisciplina ou de insubordinação;
IX – abandono de emprego, assim considerada a ausência injustificada ao serviço por, pelo menos, 30 (trinta) dias corridos;
X – ato lesivo à honra ou à boa fama ou ofensas físicas praticadas em serviço contra qualquer pessoa, salvo em caso de legítima defesa, própria ou de outrem;
XI – ato lesivo à honra ou à boa fama ou ofensas físicas praticadas contra o empregador doméstico ou sua família, salvo em caso de legítima defesa, própria ou de outrem;
XII – prática constante de jogos de azar.

Além disso, o parágrafo único desse artigo elenca as formas de rescisão que podem ocorrer por culpa do empregador:
I – o empregador exigir serviços superiores às forças do empregado doméstico, defesos por lei, contrários aos bons costumes ou alheios ao contrato;
II – o empregado doméstico for tratado pelo empregador ou por sua família com rigor excessivo ou de forma degradante;
III – o empregado doméstico correr perigo manifesto de mal considerável;
IV – o empregador não cumprir as obrigações do contrato;
V – o empregador ou sua família praticar, contra o empregado doméstico ou pessoas de sua família, ato lesivo à honra e à boa fama;
VI – o empregador ou sua família ofender o empregado doméstico ou sua família fisicamente, salvo em caso de legítima defesa, própria ou de outrem;
VII – o empregador praticar qualquer das formas de violência doméstica ou familiar contra mulheres de que trata o artigo 5º da Lei nº 11.340, de 7 de agosto de 2006.

26. AS VERBAS RESCISÓRIAS

Finalizado o contrato de trabalho, de uma forma ou de outra, necessita-se realizar o "acerto das contas".

O empregador tem até 10 dias para pagar as verbas rescisórias se o aviso for indenizado e apenas 1 dia se o aviso foi trabalhado, sob pena de multa no valor de 1 salário.

64 | GUIA PRÁTICO DO EMPREGADO DOMÉSTICO

Importante saber, também, que não se pode dispensar o empregado no mês da data base do dissídio da categoria profissional, sob pena de arcar com multa de um salário.

Outro detalhe é que toda rescisão contratual superior a um ano, a partir das regulamentações, provavelmente, passará a ser homologada no sindicato da categoria ou no Ministério do Trabalho.

26.1. Demissão sem justa causa

Na rescisão sem justa causa por parte do empregador, ou seja, quando o empregador não mais desejar os serviços do empregado doméstico, deverá efetuar o acerto das contas da seguinte forma:

> **Saldo de salário** – salário proporcional aos dias trabalhados até a ocasião da demissão. O cálculo desse valor é realizado dividindo o salário do trabalhador por 30 e multiplicando pela quantidade de dias trabalhados no mês (incluídas as horas extras, horário noturno e trabalho em feriados ou domingos se houver);

> **Aviso prévio indenizado** – se cumprido, não há que se falar em valores; caso a saída seja imediata, deverá pagar indenização correspondente a 30 dias;

> **Aviso prévio indenizado proporcional** – para cada ano trabalhado após o primeiro, são acrescidos 3 dias ao período de aviso prévio, tanto para cumprir quanto para indenizar;

> **Férias vencidas mais 1/3 de férias** – se o empregado já tiver adquirido o direito a férias e ainda não gozou (mais de um ano de casa), deverá receber o correspondente a 1 mês de salário mais 1/3;

> **Férias proporcionais e 1/3 das férias proporcionais** – se o empregado ainda não tiver cumprido um ano de trabalho, ou já em novo período aquisitivo, terá direito as férias proporcionais. Elas são calculadas contando-se 1/12 do valor atual do salário para cada mês de serviço ou fração superior a 14 dias, devendo ser acrescida a fração relativa o tempo do aviso prévio indenizado (30 dias ou mais). Calculadas as férias proporcionais, acresce-se mais 1/3. (Se o aviso prévio for cumprido, já consta no tempo trabalhado.);

A NOVA LEI | 65

> **13º salário proporcional** – corresponde ao valor do 13º salário dividido por 12 e multiplicado pela quantidade de meses trabalhados no ano em que ocorreu a demissão (também conta como mês trabalhado o período do aviso prévio indenizado ou trabalhado). Se na ocasião da demissão o empregado tiver trabalhado mais de 14 dias, esse mês será considerado como um mês trabalhado. Caso contrário, os dias trabalhados no mês em que ocorreu a demissão não serão considerados no cálculo do 13º salário;

> **Horas extras não compensadas** – na hipótese de rescisão do contrato de trabalho sem que tenha havido a compensação integral da jornada extraordinária, o empregado fará jus ao recebimento das horas extras não compensadas, calculadas sobre o valor da remuneração na data de rescisão (§ 6º, artigo 2º);

> **Salário-família** – proporcional se houver;

> **FGTS** – sobre o valor da rescisão;

> **FGTS conta vinculada** – terá direito o empregado de sacar o saldo de sua conta vinculada (há incidência do FGTS sobre os valores pagos na rescisão);

> **Indenização compensatória** – terá direito o empregado de levantar o saldo existente na conta vinculada;

> **Seguro-desemprego**.

26.2. Demissão por justa causa

No caso de ocorrer a demissão do empregado doméstico por justa causa, conforme os parâmetros da lei, o empregado somente terá direito de receber:

> **Saldo de salário**;

> **Salário-família proporcional**, se houver;

> **Férias vencidas e 1/3 das férias vencidas**.

Neste caso o empregador levantará os valores depositados a título de verba de indenização compensatória do FGTS.

26.3. Rescisão do contrato a pedido do trabalhador

Poderá o empregado solicitar a rescisão de seu contrato de trabalho cumprindo aviso prévio. Nesse caso não terá sua jornada de

66 | GUIA PRÁTICO DO EMPREGADO DOMÉSTICO

trabalho reduzida de duas horas. Caso não cumpra o aviso prévio, o valor correspondente deverá ser descontado dos valores a lhe serem pagos:

> Saldo de salário;
> Salário-família proporcional, se houver;
> 13º salário proporcional;
> Férias proporcionais acrescidas de 1/3;
> Férias vencidas acrescidas de 1/3, se houver.

Neste caso o empregador levantará os valores depositados a título de verba de indenização compensatória do FGTS.

27. DO TERMO DE RESCISÃO DO CONTRATO DE TRABALHO

Nas rescisões de contrato de trabalho das demais categorias profissionais, para formalizar a rescisão contratual necessita-se firmar o termo de quitação de rescisão (para rescisão de contrato de trabalho com menos de um ano de serviço) ou termo de homologação de rescisão (para as rescisões com mais de um ano de serviço); acompanhados do termo de rescisão de contrato de trabalho, disponibilizados pelo Ministério do Trabalho e Emprego.

Esses documentos, instituídos pela Portaria nº 1.815/2012, são essenciais para a liberação do seguro-desemprego e da conta vinculada do Fundo de Garantia do Tempo de Serviço (FGTS).

Relativamente ao empregado doméstico, a Lei Complementar nº 150/2015 previu o prazo de 120 dias para que se regulamente o Simples Doméstico (regime unificado de pagamento de tributos, de contribuições e encargos) por meio do qual o empregador e seu empregado deverão se inscrever (vide **Modelo 19**, p. 97-100).

A partir da regulamentação, esses documentos também deverão ser exigidos para o trabalhado doméstico. Assim, muita atenção tanto do empregador quanto do empregado domésticos para as orientações a serem divulgadas pelo Governo.

27.1. Ocorrência de rescisão de contrato antes da regulamentação do Simples Doméstico

Caso ocorra a rescisão contratual antes da regulamentação do Simples Doméstico, é importante providenciar um TERMO DE

RESCISÃO CONTRATUAL no qual o empregado declare que recebeu todas as suas verbas, assim como o carnê do INSS e que nada mais tem a reclamar.

Dessa maneira, o ideal é que as verbas rescisórias sejam ali discriminadas de acordo com o tipo de rescisão ocorrido – a pedido do empregado, sem justa causa, com justa causa (vide **Modelo 18,** p. 96).

27.2. As anotações na carteira de trabalho

Finalmente, o empregador deve fazer a "baixa" na carteira de trabalho do empregado, anotando o motivo da rescisão contratual, a data e assinando.

Esta é a oportunidade para verificar se na carteira constam todas as férias anotadas, assim como outras anotações relativas ao contrato de trabalho.

28. DO DIREITO DE AÇÃO

O Direito para requerer em juízo créditos resultantes das relações de trabalho entre empregador e empregado doméstico prescreve em 5 anos até o limite de 2 anos após a extinção do contrato de trabalho.

Em suma, o empregado somente poderá reclamar os últimos 5 anos trabalhados. Se a rescisão ocorreu, por exemplo, em dezembro de 2014, terá até novembro de 2016 para requerer o que entender de direito, sendo certo que somente poderá reclamar sobre os últimos cinco anos contados a partir da data do pedido (se feito em 2016, então terá direito efetivamente a pedir sobre os últimos 3 anos de trabalho) (artigo 43).

29. DO SIMPLES DOMÉSTICO

Com prazo de regulamentação de 120 dias, a contar da data de entrada em vigor da Lei Complementar nº 150/2015, criou-se o regime unificado de pagamento de tributos, de contribuições e dos demais encargos do empregador doméstico (SIMPLES DOMÉSTICO).

Assim, deverá o empregador efetuar sua inscrição nos termos do artigo 32:

68 | GUIA PRÁTICO DO EMPREGADO DOMÉSTICO

Art. 32. A inscrição do empregador e a entrada única de dados cadastrais e de informações trabalhistas, previdenciárias e fiscais no âmbito do Simples Doméstico dar-se-ão mediante registro em sistema eletrônico a ser disponibilizado em portal na internet, conforme regulamento.

Parágrafo único. A impossibilidade de utilização do sistema eletrônico será objeto de regulamento, a ser editado pelo Ministério da Fazenda e pelo agente operador do FGTS.

A Lei Complementar previu sobre a regulamentação:

Art. 33. O Simples Doméstico será disciplinado por ato conjunto dos Ministros de Estado da Fazenda, da Previdência Social e do Trabalho e Emprego que disporá sobre a apuração, o recolhimento e a distribuição dos recursos recolhidos por meio do Simples Doméstico, observadas as disposições do artigo 21 desta Lei.

§ 1º. O ato conjunto a que se refere o *caput* deverá dispor também sobre o sistema eletrônico de registro das obrigações trabalhistas, previdenciárias e fiscais e sobre o cálculo e o recolhimento dos tributos e encargos trabalhistas vinculados ao Simples Doméstico.

§ 2º. As informações prestadas no sistema eletrônico que trata o § 1º:

I – têm caráter declaratório, constituindo instrumento hábil e suficiente para a exigência dos tributos e encargos trabalhistas delas resultantes e que não tenham sido recolhidos no prazo consignado para pagamento; e

II – deverão ser fornecidas até o vencimento do prazo para pagamento dos tributos e encargos trabalhistas devidos no Simples Doméstico em cada mês, relativamente aos fatos geradores ocorridos no mês anterior.

Desse modo, até a implantação do Simples Doméstico o empregador doméstico continua obrigado à entrega de todas as informações, os formulários e as declarações a que já está sujeito:

§ 3º. O sistema eletrônico de que trata o § 1º deste artigo e o sistema de que trata o *caput* do artigo 32 substituirão, na forma regulamentada pelo ato conjunto previsto no *caput*, a obrigatoriedade de entrega de todas as informações, formulários e declarações a que estão sujeitos os empregadores domésticos, inclusive os relativos ao recolhimento do FGTS.

Assim que o SIMPLES DOMÉSTICO for implantado, mediante documento único de arrecadação, o empregador doméstico estará obrigado a efetuar o recolhimento dos seguintes valores (artigo 34):

I – 8% (oito por cento) a 11% (onze por cento) de contribuição previdenciária, a cargo do segurado empregado doméstico, nos termos do artigo 20 da Lei nº 8.212, de 24 de julho de 1991;

> ▶ *Neste ano de 2015, para salário até R$ 1.399,12, o desconto é de 8%; salário entre R$ 1.399,13 e R$ 2.331,88 o desconto é de 9% e salário de R$ 2.331,89 até R$ 4.663,75, o desconto é de 11% – este cálculo é feito com base na remuneração total do empregado, observando pagamento de hora extra, horário noturno, trabalho em dia feriado ou domingo, se aconteceu. O valor deste cálculo deve ser descontado do salário do empregado e o empregador ficará responsável pelo seu recolhimento.*

II – 8% (oito por cento) de contribuição patronal previdenciária para a seguridade social, a cargo do empregador doméstico, nos termos do artigo 24 da Lei nº 8.212, de 24 de julho de 1991;

> ▶ *Esses 8% são calculados com base na remuneração total do empregado.*

III – 0,8% (oito décimos por cento) de contribuição social para financiamento do seguro contra acidentes do trabalho;

> ▶ *Também com base na remuneração total do empregado.*

IV – 8% (oito por cento) de recolhimento para o FGTS;

> ▶ *Também com base na remuneração total do empregado.*

V – 3,2% (três inteiros e dois décimos por cento) destinada ao pagamento da indenização compensatória da perda do emprego;

> ▶ *Também com base na remuneração total do empregado.*

70 | GUIA PRÁTICO DO EMPREGADO DOMÉSTICO

> **VI** – imposto sobre a renda retido na fonte de que trata o inciso I do artigo 7º da Lei nº 7.713, de 22 de dezembro de 1988, se incidente.

> ► *O valor deste cálculo deve ser descontado do salário do empregado e o empregador ficará responsável por seu recolhimento.*

A título de ilustração, vamos exemplificar um salário do qual dever-se-á reter na fonte o imposto sobre a renda.

A base de cálculo para o desconto do Imposto sobre a Renda do salário do empregado deve observar a tabela disponibilizada pela Receita Federal. A partir de abril de 2015, há incidência de IR para os rendimentos a partir de R$ 1.903,99.

Para calcular o valor a ser retido na fonte de imposto sobre a renda, primeiro se deduz do salário bruto a contribuição do INSS. É a partir desse resultado que se calcula o imposto sobre renda retido na fonte, observando a alíquota disponibilizada em tabela da Receita Federal. Por exemplo:

Salário do empregado	R$	2.500,00
Desconto INSS (11%)	R$	(275,00)
Saldo salário	R$	2.225,00
Alíquota IR 7,5% = R$ 166,88		
Parcela a deduzir = R$ 142,80		
Valor da retenção do IR	R$	(24,08)
Salário líquido a pagar	R$	2.200,92

Enquanto não houver a regulamentação, o empregador que possui empregado com renda na qual incida o IR, deverá continuar efetivando a retenção e recolhendo em documento próprio.

Quando da regulamentação sobre os encargos, o empregador poderá efetuar o recolhimento em qualquer instituição financeira integrante da rede arrecadadora de receitas federais, todavia, caberá à Caixa Econômica Federal centralizar o produto da arrecadação dessas contribuições tornando-se responsável por transferir para a Conta Única do Tesouro Nacional as arrecadações referentes ao

INSS do empregado e do empregador, a contribuição social para financiamento do seguro contra acidentes do trabalho e o imposto de renda.

O empregador deverá fornecer ao empregado doméstico, mensalmente, cópia do documento único de arrecadação, lembrando que deverá manter sob sua guarda, pelo menos 10 anos, esse documento. A exigência das contribuições aqui previstas somente serão devidas após 120 dias do dia 1º de junho de 2015 (data de publicação da Lei Complementar nº 150).

30. OBRIGAÇÕES DO EMPREGADOR DOMÉSTICO

Nos termos do inciso V do artigo 30 da Lei nº 8.212, de 24 de julho de 1991, alterado pela Lei Complementar nº 150/2015,

o empregador doméstico é obrigado a arrecadar e a recolher a contribuição do segurado empregado a seu serviço, assim como a parcela a seu cargo, até o dia 7 do mês seguinte ao da competência.

Ou seja, a data para recolhimento da contribuição previdenciária é até o dia 7 do mês seguinte ao trabalhado (e pago).

No caso de no valor do salário do empregado doméstico incidir imposto sobre a renda, o empregador é obrigado a reter a importância e também terá o prazo de até o dia 7 do mês subsequente ao mês da ocorrência dos fatos geradores para efetuar o recolhimento do IR.

Quando da vigência do SIMPLES DOMÉSTICO, será obrigação do empregador, também, fornecer, mensalmente, a cópia do documento único de arrecadação ao empregado doméstico.

O artigo 35 da Lei Complementar prevê, ainda, que é obrigação do empregador pagar a remuneração devida ao empregado doméstico até o dia 7 do mês seguinte ao da competência, e a arrecadar e a recolher a contribuição ao INSS, bem como as demais obrigações previstas na Lei também nesse dia.

Os valores das arrecadações referentes ao INSS do empregado e do empregador, a contribuição social para financiamento do seguro contra acidentes do trabalho e o imposto de renda, se não recolhidos até a data de vencimento (dia 7), sujeitar-se-ão à incidência de encargos legais na forma prevista na legislação do imposto sobre a renda.

72 | GUIA PRÁTICO DO EMPREGADO DOMÉSTICO

Os valores devidos previstos referentes ao recolhimento do FGTS e fundo destinado ao pagamento da indenização compensatória da perda do emprego não recolhidos até a data de vencimento serão corrigidos e terão a incidência da respectiva multa, conforme a Lei nº 8.036, de 11 de maio de 1990.

31. DO PROGRAMA DE RECUPERAÇÃO PREVIDENCIÁRIA DOS EMPREGADORES DOMÉSTICOS (REDOM)

A Lei Complementar nº 150/2015 em seus artigos 39 a 41 instituiu o Programa de Recuperação Previdenciária dos Empregadores Domésticos (Redom).

Conforme transcrevemos a seguir, trata-se de concessão ao empregador doméstico para parcelamento de débitos existentes em nome de empregador e empregado junto ao INSS até 30 de abril de 2013, inclusive os débitos já inscritos na dívida ativa.

A Concessão é de parcelamento em até 120 meses, bem como redução de 100% das multas e valores dos encargos legais e advocatícios e de 60% dos juros de mora.

Assim, aqueles que desejarem usufruir desse Programa o empregador deverá efetivar sua solicitação dentro em 120 dias da data da vigência desta Lei Complementar 150/2015.

Art. 39. É instituído o Programa de Recuperação Previdenciária dos Empregadores Domésticos (Redom), nos termos desta Lei.

Art. 40. Será concedido ao empregador doméstico o parcelamento dos débitos com o Instituto Nacional do Seguro Social (INSS) relativos à contribuição de que tratam os artigos 20 e 24 da Lei nº 8.212, de 24 de julho de 1991, com vencimento até 30 de abril de 2013.

§ 1º. O parcelamento abrangerá todos os débitos existentes em nome do empregado e do empregador, na condição de contribuinte, inclusive débitos inscritos em dívida ativa, que poderão ser:

I – pagos com redução de 100% (cem por cento) das multas aplicáveis, de 60% (sessenta por cento) dos juros de mora e de 100% (cem por cento) sobre os valores dos encargos legais e advocatícios;

II – parcelados em até 120 (cento e vinte) vezes, com prestação mínima no valor de R$ 100,00 (cem reais).

§ 2º. O parcelamento deverá ser requerido no prazo de 120 (cento e vinte) dias após a entrada em vigor desta Lei.

§ 3º. A manutenção injustificada em aberto de 3 (três) parcelas implicará, após comunicação ao sujeito passivo, a imediata rescisão do parcelamento e, conforme o caso, o prosseguimento da cobrança.

§ 4º. Na hipótese de rescisão do parcelamento com o cancelamento dos benefícios concedidos:

I – será efetuada a apuração do valor original do débito, com a incidência dos acréscimos legais, até a data de rescisão;

II – serão deduzidas do valor referido no inciso I deste parágrafo as parcelas pagas, com a incidência dos acréscimos legais, até a data de rescisão.

Art. 41. A opção pelo Redom sujeita o contribuinte a:

I – confissão irrevogável e irretratável dos débitos referidos no artigo 40;

II – aceitação plena e irretratável de todas as condições estabelecidas;

III – pagamento regular das parcelas do débito consolidado, assim como das contribuições com vencimento posterior a 30 de abril de 2013.

MODELOS

1. MODELO DE ACORDO PARA DESCONTO SALARIAL (Plano de saúde)

Pelo presente instrumento, de um lado, na qualidade de empregador(a), (*nome, RG, CPF, endereço*) e de outro, na qualidade de empregado(a) doméstico(a), (*nome, RG, CPF, endereço*), com contrato de trabalho iniciado em ___/___/___ (*data do registro na Carteira do empregado*), para execução dos trabalhos [_____] (*endereço residencial no qual o empregado executará seus serviços*) têm justo e contratado o seguinte:

Compromete-se o(a) empregador(a) a incluir o(a) empregado(a) e seus familiares em plano de assistência médico-hospitalar e odontológica, sendo certo que para tanto, poderá efetuar desconto em seu salário de importância de até 20% (vinte por cento), sempre observando as regras do plano pactuado.

O(a) empregado(a) poderá, a qualquer tempo, pedir sua exclusão do plano de saúde, desde que o faça por escrito e arque com as despesas de utilização efetuada, o que será feito mediante desconto de até 20% de seu salário até sua integralização.

Por ser expressão da verdade e da vontade de ambas as partes assinam o presente em duas vias na presença de duas testemunhas.

Local e data
Assinatura do(a) empregador(a)
Assinatura do(a) empregado(a)
Testemunha por parte do(a) empregador(a): assinatura, nome e RG ou CPF
Testemunha por parte do(a) empregador(a): assinatura, nome e RG ou CPF

> **Observação**: *O mesmo tipo de acordo poderá ser feito para contratação de seguro de vida, de previdência privada; todos esses descontos podem ocorrer concomitantemente desde que a totalidade de suas despesas não ultrapasse 20% da remuneração total do empregado.*

78 | GUIA PRÁTICO DO EMPREGADO DOMÉSTICO

2. MODELO DE ACORDO PARA DESCONTO SALARIAL (Moradia)

Pelo presente instrumento, de um lado, na qualidade de empregador(a), (*nome, RG, CPF, endereço*) e de outro, na qualidade de empregado(a) doméstico(a), (*nome, RG, CPF, endereço*), com contrato de trabalho iniciado em ___/___/___ (*data do registro na Carteira do empregado*), para execução dos trabalhos [_____] (*endereço residencial no qual o empregado executará seus serviços*) têm justo e contratado o seguinte:

O empregado passará a residir no endereço seguinte: [_____], imóvel (*de propriedade do empregador, ou alugado pelo empregador*) enquanto durar o presente contrato de trabalho.

O empregador descontará, mensalmente, de seu salário a importância de R$ [_____] (*por extenso*), podendo ser alterado quando do reajuste previsto em lei para locação, bem como tal valor não poderá exceder a 25% (vinte e cinco por cento) do salário do empregado.

Por ser expressão da verdade e da vontade de ambas as partes assinam o presente em duas vias na presença de duas testemunhas.

Local e data
Assinatura do(a) empregador(a)
Assinatura do(a) empregado(a)
Testemunha por parte do(a) empregador(a): assinatura, nome e RG ou CPF
Testemunha por parte do(a) empregador(a): assinatura, nome e RG ou CPF

3. MODELO DE RECIBO DE ENTREGA DE CARTEIRA DE TRABALHO

Recebi do(a) Sr(a). [_____] a Carteira de Trabalho nº [_____] série [_____], para registro de contrato de trabalho doméstico por tempo indeterminado (*ou por contrato de experiência por x dias, ou por x meses*), com remuneração mensal de R$ [_____] (*por extenso*).

Ambas as partes estão cientes de que a carteira deverá ser devolvida com o registro dentro em 48 (quarenta e oito) horas, quando, então, este recibo será devolvido a(o) empregador(a) Sr(a). [_____], (*nome, RG e CPF*).

Por ser a expressão da verdade, firma-se o presente.

Local, data e hora
Assinatura do(a) empregador(a)

80 | GUIA PRÁTICO DO EMPREGADO DOMÉSTICO

4. MODELO DE ACORDO PARA DIMINUIÇÃO DO HORÁRIO DE INTERVALO – EMPREGADO DOMÉSTICO EM REGIME DE TEMPO INTEGRAL

Pelo presente instrumento, de um lado, na qualidade de empregador(a), (*nome, RG, CPF, endereço*) e de outro, na qualidade de empregado(a) doméstico(a), (*nome, RG, CPF, endereço*), com contrato de trabalho iniciado em ___/___/___ (*data do registro na Carteira do empregado*), para execução dos trabalhos [_____] (*endereço residencial no qual o empregado executará seus serviços*) têm justo e contratado, a pedido de (*empregado ou empregador*) e com a anuência de (*empregador ou empregado*), que o intervalo para descanso/refeição durante a jornada de trabalho que se inicia as [_____] horas, será de 30 (trinta) minutos, encerrando-se, assim, a jornada de 8 (oito) horas trabalhadas às [_____] horas.

Por ser expressão da verdade e da vontade de ambas as partes assinam o presente em duas vias na presença de duas testemunhas.

Local e data
Assinatura do(a) empregador(a)
Assinatura do(a) empregado(a)
Testemunha por parte do(a) empregador(a): assinatura, nome e RG ou CPF
Testemunha por parte do(a) empregador(a): assinatura, nome e RG ou CPF

5. MODELO DE ACORDO PARA COMPENSAÇÃO DE HORAS EXTRAS – EMPREGADO DOMÉSTICO EM REGIME DE TEMPO INTEGRAL

Pelo presente instrumento, de um lado, na qualidade de empregador(a), (*nome, RG, CPF, endereço*) e de outro, na qualidade de empregado(a) doméstico(a), (*nome, RG, CPF, endereço*), com contrato de trabalho iniciado em ___/___/___ (*data do registro na Carteira do empregado*), para execução dos trabalhos [_____] (*endereço residencial no qual o empregado executará seus serviços*) têm justo e contratado o seguinte acordo para compensação de horas extras:

Em caso de necessidade e por solicitação do(a) empregador(a) as horas extras trabalhadas pelo(a) empregado(a) em dias da semana que não feriados e domingos, até o máximo de 40 (quarenta) horas, serão compensadas pelo(a) empregado(a), na sua integralidade, dentro do mês ou até o final do mês seguinte à sua execução, podendo, para tanto, em acordo prévio com o(a) empregador(a), sair mais cedo ou não trabalhar até integralizar o total de horas extras trabalhadas.

A critério do(a) empregador(a) poderá este(a) optar pelo pagamento das horas ao invés da compensação, se assim anuir o(a) empregado(a).

Em caso de execução de trabalho além de 40 horas extras dentro do mês, as horas excedentes poderão ser pagas pelo(a) empregador(a), a seu critério, ou relacionadas em documento anexado ao presente acordo, que servirá de "banco de horas" a serem compensadas dentro de um ano da sua execução.

Por ser expressão da verdade e da vontade de ambas as partes assinam o presente em duas vias na presença de duas testemunhas.

Local e data
Assinatura do(a) empregador(a)
Assinatura do(a) empregado(a)
Testemunha por parte do(a) empregador(a): assinatura, nome e
  RG ou CPF
Testemunha por parte do(a) empregador(a): assinatura, nome e RG
  ou CPF

6. BANCO DE HORAS PARA COMPENSAÇÃO DENTRO DE UM ANO

Atenção: este documento só terá validade se acompanhado do registro de ponto do empregado

Empregador(a): _____

Empregado(a): _____

Local de trabalho (endereço): _____

Data de execução da hora extra	Quantidade de horas	Data limite para compensação	Assinatura do empregado	Assinatura do empregador	Data da compensação	Quantidade de horas	Assinatura do empregado	Assinatura do empregador

7. MODELO DE ACORDO PARA EXECUÇÃO DE HORAS EXTRAS – EMPREGADO DOMÉSTICO EM REGIME DE TEMPO PARCIAL

Pelo presente instrumento, de um lado, na qualidade de empregador(a), (*nome, RG, CPF, endereço*) e de outro, na qualidade de empregado(a) doméstico(a), (*nome, RG, CPF, endereço*), com contrato de trabalho iniciado em ___/___/___ (*data do registro na Carteira do empregado*), para execução dos trabalhos [_____] (*endereço residencial no qual o empregado executará seus serviços*) têm justo e contratado o seguinte acordo para execução de horas extras:

O(a) empregado(a) está sendo contratado(a) para executar trabalho em regime de tempo parcial, no total de [_____] (*quantidade de horas semanais, no máximo de 25*) horas semanais, ou seja, [_____] horas/dia, trabalhando nos seguintes dias da semana [_____] (*colocar quais os dias da semana, de segunda-feira a sábado, e quantas horas por dia*).

Em caso de necessidade do(a) empregador(a) e previamente avisado a(o) empregado(a), acordam que o(a) empregado(a) poderá trabalhar em regime de hora extra por mais uma hora por dia.

Por ser expressão da verdade e da vontade de ambas as partes assinam o presente em duas vias na presença de duas testemunhas.

Local e data
Assinatura do(a) empregador(a)
Assinatura do(a) empregado(a)
Testemunha por parte do(a) empregador(a): assinatura, nome e RG ou CPF
Testemunha por parte do(a) empregador(a): assinatura, nome e RG ou CPF

84 | GUIA PRÁTICO DO EMPREGADO DOMÉSTICO

8. MODELO DE ACORDO PARA TRABALHO PELO REGIME DE 12 x 36 HORAS

Pelo presente instrumento, de um lado, na qualidade de empregador(a), (*nome, RG, CPF, endereço*) e de outro, na qualidade de empregado(a) doméstico(a), (*nome, RG, CPF, endereço*), com contrato de trabalho iniciado em ___/___/___ (*data do registro na Carteira do empregado*), para execução dos trabalhos [_____] (*endereço residencial no qual o empregado executará seus serviços*) têm justo e contratado o seguinte acordo para execução do trabalho em jornada de 12 x 36 horas:

O(a) empregado(a) exercerá suas atividades pelo período de 12 horas, com intervalo para descanso e alimentação de uma hora.

OU

O(a) empregado(a) exercerá suas atividades pelo período de 12 horas, sem intervalo para descanso ou alimentação, sendo-lhe paga uma hora extra por dia de trabalho.

Está ciente de que deverá comparecer ao trabalho, independentemente de o dia ser feriado ou domingo, sempre após o descanso de 36 horas após a jornada de 12 horas de trabalho, sendo certo que, nesses dias, receberá o salário em dobro.

OU

As partes estão cientes de que se a jornada de 12 horas recair em dia feriado ou domingo, o empregado somente retornará para o trabalho no dia seguinte, reiniciando-se o regime de 12 x 36.

Por ser expressão da verdade e da vontade de ambas as partes assinam o presente em duas vias na presença de duas testemunhas.

Local e data
Assinatura do(a) empregador(a)
Assinatura do(a) empregado(a)
Testemunha por parte do(a) empregador(a): assinatura, nome e RG ou CPF
Testemunha por parte do(a) empregador(a): assinatura, nome e RG ou CPF

9. MODELO DE ACORDO PARA TRABALHO EM VIAGEM

Pelo presente instrumento, de um lado, na qualidade de empregador(a), *(nome, RG, CPF, endereço)* e de outro, na qualidade de empregado(a) doméstico(a), *(nome, RG, CPF, endereço)*, com contrato de trabalho iniciado em ___/___/___ *(data do registro na Carteira do empregado)*, para execução dos trabalhos [_____] *(endereço residencial no qual o empregado executará seus serviços)* têm justo e contratado o seguinte acordo para execução do trabalho em viagem:

No período de ___/___/___ a ___/___/___, o(a) empregador(a) e sua família farão uma viagem de férias na cidade de [_____], na qual solicitam os serviços do(a) empregado(a) que compreenderá as mesmas atividades que exerce em casa.

Assim, acordam que não serão consideradas como horas extras o tempo de viagem tanto de ida quanto de retorno, assim como aqueles em que o(a) empregado(a) estiver livre para descanso.

Todas as despesas de viagem, inclusive de alimentação, transporte e hospedagem correrão por conta exclusiva do(a) empregador(a), exceto despesas particulares não necessárias que o empregado arcará, sendo certo ainda, que sobre a remuneração nesses dias incidirá acréscimo de 25% (vinte e cinco por cento) para o período normal de trabalho, bem como se houver necessidade de trabalho em horário extraordinário, ser-lhe-á devido mais 50% sobre o valor da hora-viagem.

As partes convencionam que, após o retorno e cálculo do valor devido, poderão colocar na planilha de "banco de horas" a totalidade ou parte desses valores transformados em horas.

Por ser expressão da verdade e da vontade de ambas as partes assinam o presente em duas vias na presença de duas testemunhas.

Local e data
Assinatura do(a) empregador(a)
Assinatura do(a) empregado(a)
Testemunha por parte do(a) empregador(a): assinatura, nome e RG ou CPF
Testemunha por parte do(a) empregador(a): assinatura, nome e RG ou CPF

86 | GUIA PRÁTICO DO EMPREGADO DOMÉSTICO

10. MODELO DE REQUERIMENTO DE ABONO DE FÉRIAS

Senhor(a) empregador(a) [_____],

Conforme é do seu conhecimento, em ___/___/___ completarei o período de 1 (um) ano de serviços domésticos prestados a Vossa Senhoria.

Dessa forma, nos termos do § 4º do artigo 17 da Lei Complementar nº 150, de 1º de junho de 2015, venho requerer que 1/3 (um terço) das férias a que terei direito sejam convertidas em abono pecuniário.

Local e data
Assinatura do(a) empregado(a)
Ciência do(a) empregador(a) ___/___/___
Assinatura do(a) empregador(a)

Observações:
Fazer o requerimento em duas vias, ficando uma via para cada parte.

ATENÇÃO!

A data da ciência do empregador, ou seja, o dia em que o empregador tiver conhecimento da solicitação do abono pecuniário deverá ser de pelo menos 30 dias antes do final de um ano de trabalho.

11. MODELOS DE AVISO DE FÉRIAS

11.1. Férias integrais

(*Nome do(a) empregador(a)*) comunico que V.S., Sr(a). (*Nome do(a) empregado(a)*) gozará [_____] (*quantidade de dias*) de férias do dia ___/___/___ ao dia ___/___/___, devendo retornar ao trabalho no dia ___/___/___, relativo ao período aquisitivo de ___/___/___ a ___/___/___.

Solicito sua ciência, bem como a apresentação de sua Carteira de Trabalho para que se possa efetuar a devida anotação.

Local e data
Assinatura do(a) empregador(a)
Ciente do(a) empregado(a) ___/___/___
Assinatura do(a) empregado(a)

> **Observação**: *Fazer em duas vias, ficando uma para cada parte.*

11.2. Férias parciais – 1º período

(*Nome do(a) empregador(a)*) comunico que V.S., Sr(a). (*Nome do(a) empregado(a)*) gozará [_____] (*quantidade de dias*) de férias do dia ___/___/___ ao dia ___/___/___, devendo retornar ao trabalho no dia ___/___/___, relativo ao período aquisitivo de ___/___/___ a ___/___/___.

As partes estão cientes que remanesce [_____] dias a serem gozados em data posterior.

Solicito sua ciência, bem como a apresentação de sua Carteira de Trabalho para que se possa efetuar a devida anotação.

Local e data
Assinatura do(a) empregador(a)
Ciente do(a) empregado(a) ___/___/___
Assinatura do(a) empregado(a)

> **Observação**: *Fazer em duas vias, ficando uma para cada parte.*

11.3. Férias parciais – 2º período

(*Nome do(a) empregador(a)*) comunico que V.S., Sr(a). (*Nome do(a) empregado(a)*) gozará ___ (*quantidade de dias*) de férias do dia ___/___/___ ao dia ___/___/___, devendo retornar ao trabalho no dia ___/___/___, relativo ao período aquisitivo de ___/___/___ a ___/___/___.

As partes estão cientes de que [_____] dias do mesmo período aquisitivo já foram gozados no período do dia __/___/___ a __/___/___, integralizando o direito às férias.

Solicito sua ciência, bem como a apresentação de sua Carteira de Trabalho para que se possa efetuar a devida anotação.

Local e data
Assinatura do(a) empregador(a)
Ciente do(a) empregado(a) ___/___/___
Assinatura do(a) empregado(a)

Observação: *Fazer em duas vias, ficando uma para cada parte.*

11.4. Férias com abono

(*Nome do(a) empregador(a)*) comunico que V.S., Sr.(a) (*Nome do(a) empregado(a)*) gozará [_____] (*quantidade de dias*) de férias do dia ___/___/___ ao dia ___/___/___, devendo retornar ao trabalho no dia ___/___/___, relativo ao período aquisitivo de ___/___/___ a ___/___/___.

Conforme sua solicitação anterior, foram convertidos em abono pecuniário 1/3 dos dias, representando [_____] dias que lhe serão pagos em até cinco dias úteis antes do início de suas férias.

Solicito sua ciência, bem como a apresentação de sua Carteira de Trabalho para que se possa efetuar a devida anotação.

Local e data
Assinatura do(a) empregador(a)
Ciente do(a) empregado(a) ___/___/___
Assinatura do(a) empregado(a)

Observação: *Fazer em duas vias, ficando uma para cada parte.*

12. MODELO DE REQUERIMENTO DE RECEBIMENTO DE METADE DO 13° SALÁRIO NAS FÉRIAS

Senhor(a) empregador(a) [_____],
Solicito que o pagamento da metade do 13° salário a que tenho direito a receber entre os meses de fevereiro a novembro seja incluído no meu adiantamento de férias.

Local e data
Assinatura do(a) empregador(a)
Ciente do(a) empregado(a) ___/___/___
Assinatura do(a) empregado(a)

> **Observação**: *Fazer o requerimento em duas vias, ficando uma para cada parte.*

13. MODELO DE RECIBO DE ENTREGA DE VALE TRANSPORTE

13.1. Entrega de passes

Recebi do(a) Sr(a). (*nome do(a) empregador(a)*) a quantidade de [_____] passes para meu deslocamento residência-trabalho e vice--versa para o mês de [_____] (*mês e ano*).

Estou ciente de que me será descontado a importância relativa a 6% (seis por cento) de minha remuneração.

Por ser a expressão da verdade, firmo o presente.

Local e data
Assinatura do(a) empregado(a)

13.2. Pagamento em dinheiro

Recebi do(a) Sr(a). (*nome do(a) empregador(a)*) a importância de R$ [_____] (*por extenso*) referente a [_____] (*quantidade*) passes para meu deslocamento residência-trabalho e vice-versa para o mês de [_____] (*mês e ano*).

Estou ciente de que me será descontado a importância relativa a 6% (seis por cento) de minha remuneração.

Por ser a expressão da verdade, firmo o presente.

Local e data
Assinatura do(a) empregado(a)

14. MODELO DE AVISO DE DEMISSÃO SEM JUSTA CAUSA COM PAGAMENTO DO AVISO PRÉVIO

Ilmo(a). Sr(a). [_____] (*nome do(a) empregado(a)*).
Carteira de Trabalho nº [_____] série [_____].
CPF [_____] RG [_____].
Contrato de trabalho iniciado em ___/___/____.

Pelo presente instrumento, venho informar-lhe que SEM JUSTO MOTIVO, não mais desejo os serviços de Vossa Senhoria em minha residência, declarando rescindido, portanto, nosso contrato de trabalho, conforme me faculta a lei.

Dessa forma, a partir de hoje ___/___/___ o contrato está rescindido, devendo vossa senhoria apresentar sua carteira de trabalho, dentro em 24 (vinte e quatro) horas para a respectiva baixa e recebimento das verbas rescisórias.

Local e data
Assinatura do(a) empregador(a)
Ciência do(a) empregado(a) ___/___/___ – _____
Assinatura do(a) empregado(a)

Observação: *Fazer em duas vias, ficando uma para cada parte.*

15. MODELO DE AVISO DE DEMISSÃO SEM JUSTA CAUSA COM SOLICITAÇÃO DE CUMPRIMENTO DO AVISO PRÉVIO

Ilmo(a). Sr(a). [_____] (*nome do(a) empregado(a)*).
Carteira de Trabalho nº [_____] série [_____] .
CPF [_____] RG [_____].
Contrato de trabalho iniciado em ___/___/___.

Pelo presente instrumento, venho informar-lhe que SEM JUSTO MOTIVO, não mais desejo os serviços de Vossa Senhoria em minha residência, declarando rescindido, portanto, nosso contrato de trabalho, conforme me faculta a lei.

Dessa forma, a partir de hoje ___/___/___, iniciará V.S os trabalhos em regime de aviso prévio, por 30 (trinta) dias, podendo sair do trabalho com antecipação de duas horas por dia, ou trabalhar 23 dias em horário normal, informando o(a) empregador(a), tendo em vista que não se completou um ano de trabalho.

> **! ATENÇÃO!**
>
> Para o caso de empregado(a) com mais de um ano de trabalho, segue modelo:

Dessa forma, a partir de hoje ___/___/___, iniciará V.S os trabalhos em regime de aviso prévio: por [_____] dias (*no caso de mais um ano, acrescenta-se 3 dias a cada ano trabalhado até o máximo de 60 dias, por exemplo, se a pessoa prestou serviços por vinte anos cumprirá os 30 dias mais 60 dias de aviso, totalizando 90 dias*), podendo sair do trabalho com antecipação de duas horas por dia, ou trabalhar 23 dias em horário normal, informando o(a) empregador(a), tendo em vista que não se completou um ano de trabalho.

Local e data
Assinatura do(a) empregador(a)
Ciência do(a) empregado(a) ___/___/___ – _____
Opto por trabalhar *[_____]*.
Assinatura do(a) empregado(a)

Observação: *Fazer em duas vias, ficando uma para cada parte.*

16. MODELO DE PEDIDO DE DEMISSÃO SEM JUSTA CAUSA

16.1. Com pagamento do aviso prévio

Ilmo(a). Sr(a). [_____] (*nome do(a) empregador(a)*).
(*Local de trabalho*) [_____].
CPF [_____] RG [_____].
Contrato de trabalho iniciado em ___/___/___.

Pelo presente instrumento, venho informar-lhe que SEM JUSTO MOTIVO, não mais me interesso em continuar prestando serviços para Vossa Senhoria, solicitando, assim que seja declarado rescindido nosso contrato de trabalho, conforme me faculta a lei a partir de hoje ___/___/___.

Apresento, neste ato, minha carteira de trabalho para as devidas anotações, solicitando desde já, que sejam feitos os cálculos rescisórios.

Local e data
Assinatura do(a) empregado(a)
Ciência do(a) empregador(a) ___/___/___ – _____
Assinatura do(a) empregador(a)

Observação: *Fazer em duas vias, ficando uma para cada parte.*

94 | GUIA PRÁTICO DO EMPREGADO DOMÉSTICO

16.2. Com cumprimento do aviso prévio

Ilmo(a). Sr(a). [_____] (*nome do(a) empregador(a)*).
(*Local de trabalho*) [_____].
CPF [_____] RG [_____].
Contrato de trabalho iniciado em ___/___/___.

Pelo presente instrumento, venho informar-lhe que SEM JUSTO MOTIVO, não mais me interesso em continuar prestando serviços para Vossa Senhoria, solicitando, assim que seja declarado rescindido nosso contrato de trabalho, conforme me faculta a lei a partir de ___/___/___ (*data futura que complete o tempo de aviso prévio – 30 dias se o empregado com menos de um ano e mais 3 dias para cada ano trabalhado*), quando trarei minha carteira de trabalho para as devidas anotações e recebimento das verbas rescisórias.

Local e data
Assinatura do(a) empregado(a)
Ciência do(a) empregador(a) ___/___/___ – _____
Assinatura do(a) empregador(a)

> **Observação**: *Fazer em duas vias, ficando uma para cada parte.*

MODELOS | 95

17. MODELO DE RECIBO DE PAGAMENTO DO SALÁRIO EMPREGADO DOMÉSTICO

NOME EMPREGADOR(A):	
NOME EMPREGADO(A):	
Mês/ano de trabalho a que se refere o pagamento:	
_____ dias SALÁRIO	(+) R$_____
_____ horas extras (+ 50%)	(+) R$ _____
_____ horas noturnas (+ 20%)	(+) R$ _____
_____ dias domingos/feriados (+ 100%)	(+) R$ _____
_____ dias em viagem (+ 25%)	(+) R$ _____
Reflexo DSR	(+) R$ _____
BASE DE CÁLCULO INSS E FGTS	(=) R$ _____
____% INSS do empregado	(–) R$ _____
BASE DE CÁLCULO IRFF	(=) R$ _____
____% IRFF sobre salário	(–) R$ _____
Parcela do vale transporte	(–) R$ _____
Salário-família	(+) R$ _____
Descontos	(–) R$ _____
SALÁRIO A PAGAR	(=) R$ _____

Local e data
Assinatura do(a) empregado(a)
Ciência do(a) empregador(a) ____/____/____ – _____
Assinatura do(a) empregador(a)

Observação: *Fazer em duas vias, ficando uma para cada parte.*

96 | GUIA PRÁTICO DO EMPREGADO DOMÉSTICO

18. MODELO DE TERMO DE QUITAÇÃO DE RESCISÃO CONTRATUAL ENQUANTO NÃO ESTIVER EM VIGÊNCIA O SIMPLES DOMÉSTICO

Nome do(a) empregador(a): _____

CPF do(a) empregador(a): _____

Nome do(a) empregado(a): _____

Carteira de Trabalho nº _____ série _____

CPF do(a) empregado(a): _____

Data da admissão:___/___/___ – data do aviso prévio ___/___/___

Data do afastamento ___/___/___

CAUSA DO AFASTAMENTO:_____

Pelo presente instrumento formaliza-se a rescisão do contrato de trabalho do trabalhador acima identificado, sendo-lhe efetuado o pagamento das verbas rescisórias seguintes:

Aviso prévio	R$ _____
Aviso prévio proporcional	R$ _____
Saldo de salário	R$ _____
Férias vencidas	R$ _____
1/3 das férias vencidas	R$ _____
Férias proporcionais	R$ _____
1/3 das férias proporcionais	R$ _____
13º salário proporcional	R$ _____
TOTAL RECEBIDO	R$ _____

Local e data

Assinatura do Empregado

Observação: Deve-se calcular os pagamentos de acordo com o tipo de rescisão contratual – a pedido do(a) empregado(a), por justa causa ou sem justa causa, sendo certo que o aviso prévio tanto pode ser acrescido (quando o empregador demite o empregado) ou subtraído das verbas a serem pagas (quando o empregado pede as contas), ou não existir (quando houve o cumprimento do aviso prévio).

19. MODELOS DE FORMULÁRIOS DO MINISTÉRIO DO TRABALHO

Os formulários a seguir estão disponíveis no site do Ministério do Trabalho, onde podem ser baixados, salvos, preenchidos e impressos: <http://portal.mte.gov.br/ass_homolog/novo-termo-de-rescisao-do-contrato-de-trabalho.htm>.

Vale lembrar que, para o empregador doméstico, eles ainda não são obrigatórios e pode ocorrer, também, quando da regulamentação, que possam ser criados formulários específicos para o emprego doméstico.

98 | GUIA PRÁTICO DO EMPREGADO DOMÉSTICO

19.1. Termo de Rescisão do Contrato de Trabalho

TERMO DE RESCISÃO DO CONTRATO DE TRABALHO

IDENTIFICAÇÃO DO EMPREGADOR

01 CNPJ/CEI	02 Razão Social/Nome			
03 Endereço (logradouro, nº, andar, apartamento)				04 Bairro
05 Município	06 UF	07 CEP	08 CNAE	09 CNPJ/CEI Tomador/Obra

IDENTIFICAÇÃO DO TRABALHADOR

10 PIS/PASEP	11 Nome			
12 Endereço (logradouro, nº, andar, apartamento)				13 Bairro
14 Município	15 UF	16 CEP	17 CTPS (nº, série, UF)	18 CPF
19 Data de Nascimento	20 Nome da Mãe			

DADOS DO CONTRATO

21 Tipo de Contrato				
22 Causa do Afastamento				
23 Remuneração Mês Ant.	24 Data de Admissão	25 Data do Aviso Prévio	26 Data de Afastamento	27 Cód. Afastamento
28 Pensão Alim. (%) (TRCT)	29 Pensão Alim. (%) (FGTS)	30 Categoria do Trabalhador		
31 Código Sindical	32 CNPJ e Nome da Entidade Sindical Laboral			

DISCRIMINAÇÃO DAS VERBAS RESCISÓRIAS

VERBAS RESCISÓRIAS

Rubrica	Valor	Rubrica	Valor	Rubrica	Valor
50 Saldo de /dias Salário (líquido de /faltas e DSR)		51 Comissões		52 Gratificação	
53 Adic. de Insalubridade %		54 Adic. de Periculosidade %		55 Adic. Noturno Horas a %	
56.1 Horas Extras horas a %		57 Gorjetas		58 Descanso Semanal Remunerado (DSR)	
59 Reflexo do DSR sobre Salário Variável		60 Multa Art. 477, § 8º/CLT		62 Salário-Família	
63 13º Salário Proporcional /12 avos		64.1 13º Salário–Exerc. - /12 avos		65 Férias Proporc /12 avos	
66.1 Férias Venc. Per. Aquisitivo a		68 Terço Constituc. de Férias		69 Aviso Prévio Indenizado	
70 13º Salário (Aviso Prévio Indenizado)		71 Férias (Aviso Prévio Indenizado)			
		99 Ajuste do saldo devedor		TOTAL BRUTO	

DEDUÇÕES

Desconto	Valor	Desconto	Valor	Desconto	Valor
100 Pensão Alimentícia		101 Adiantamento Salarial		102 Adiantamento 13º Salário	
103 Aviso Prévio Indenizado dias		112.1 Previdência Social		112.2 Prev Social - 13º Salário	
114.1 IRRF		114.2 IRRF sobre 13º Salário			
				TOTAL DEDUÇÕES	
				VALOR LÍQUIDO	

MODELOS | 99

19.2. Termo de Quitação de Rescisão do Contrato de Trabalho

TERMO DE QUITAÇÃO DE RESCISÃO DO CONTRATO DE TRABALHO

EMPREGADOR

01 CNPJ/CEI	02 Razão Social/Nome

TRABALHADOR

10 PIS/PASEP	11 Nome		

17 CTPS (nº, série, UF)	18 CPF	19 Data de Nascimento	20 Nome da Mãe

CONTRATO

22 Causa do Afastamento				

24 Data de Admissão	25 Data do Aviso Prévio	26 Data de Afastamento	27 Cód. Afast.	29 Pensão Alimentícia (%) (FGTS)

30 Categoria do Trabalhador

Foi realizada a rescisão do contrato de trabalho do trabalhador acima qualificado, nos termos do artigo n.º 477 da Consolidação das Leis do Trabalho (CLT). A assistência à rescisão prevista no § 1º do art. n.º 477 da CLT não é devida, tendo em vista a duração do contrato de trabalho não ser superior a um ano de serviço e não existir previsão de assistência à rescisão contratual em Acordo ou Convenção Coletiva de Trabalho da categoria a qual pertence o trabalhador.

No dia _____/_____/_____ foi realizado, nos termos do art. 23 da Instrução Normativa/SRT n.º 15/2010, o efetivo pagamento das verbas rescisórias especificadas no corpo do TRCT, no valor líquido de R$ _____ ,o qual, devidamente rubricado pelas partes, é parte integrante do presente Termo de Quitação.

_____/___, ____ de _____ de _____.

_____
150 Assinatura do Empregador ou Preposto

_____   _____
151 Assinatura do Trabalhador   152 Assinatura do Responsável Legal do Trabalhador

156 Informações à CAIXA:

A ASSISTÊNCIA NO ATO DE RESCISÃO CONTRATUAL É GRATUITA.
Pode o trabalhador iniciar ação judicial quanto aos créditos resultantes das relações de trabalho até o limite de dois anos após a extinção do contrato de trabalho (Inc. XXIX, Art. 7º da Constituição Federal/1988).

100 | GUIA PRÁTICO DO EMPREGADO DOMÉSTICO

19.3. Termo de Homologação de Rescisão do Contrato de Trabalho

TERMO DE HOMOLOGAÇÃO DE RESCISÃO DO CONTRATO DE TRABALHO

EMPREGADOR

01 CNPJ/CEI	02 Razão Social/Nome

TRABALHADOR

10 PIS/PASEP	11 Nome		
17 CTPS (nº, série, UF)	18 CPF	19 Data de Nascimento	20 Nome da Mãe

CONTRATO

22 Causa do Afastamento				
24 Data de Admissão	25 Data do Aviso Prévio	26 Data de Afastamento	27 Cód. Afast.	29 Pensão Alimentícia (%) (FGTS)
30 Categoria do Trabalhador				
31 Código Sindical	32 CNPJ e Nome da Entidade Sindical Laboral			

Foi prestada, gratuitamente, assistência na rescisão do contrato de trabalho, nos termos do artigo n.º 477, § 1º, da Consolidação das Leis do Trabalho (CLT), sendo comprovado neste ato o efetivo pagamento das verbas rescisórias especificadas no corpo do TRCT, no valor líquido de R$, o qual, devidamente rubricado pelas partes, é parte integrante do presente Termo de Homologação.

As partes assistidas no presente ato de rescisão contratual foram identificadas como legitimas conforme previsto na Instrução Normativa/SRT n.º 15/2010.

Fica ressalvado o direito de o trabalhador pleitear judicialmente os direitos informados no campo 155, abaixo.

_____/____, _____ de _____ de _____.

_____
150 Assinatura do Empregador ou Preposto

_____
151 Assinatura do Trabalhador

_____
152 Assinatura do Responsável Legal do Trabalhador

_____
153 Carimbo e Assinatura do Assistente

_____
154 Nome do Órgão Homologador

155 Ressalvas

156 Informações à CAIXA:

A ASSISTÊNCIA NO ATO DE RESCISÃO CONTRATUAL É GRATUITA.
Pode o trabalhador iniciar ação judicial quanto aos créditos resultantes das relações de trabalho até o limite de dois anos após a extinção do contrato de trabalho (Inc. XXIX, Art. 7º da Constituição Federal/1988).

CÁLCULOS

1. CÁLCULOS DE SALÁRIOS E ENCARGOS

Apresentamos, a seguir, os cálculos básicos para obtenção de valores de hora salário normal, extra e noturna; dia salário normal e em dobro; cálculo salário regime de tempo parcial; e 13º salário proporcional.

PLANILHA EXEMPLIFICATIVA DE CÁLCULOS DE SALÁRIO E ENCARGOS DO TRABALHADOR DOMÉSTICO	
Valor bruto do salário mensal = R$ 1.000,00	
Cálculo salário HORA: R$ 1.000,00/220 = R$ 4,55	
Valor bruto do salário HORA	R$ 4,55
Cálculo salário HORA noturna: R$ 4,55 + 20% (R$ 0,91) = R$ 5,46	
Valor bruto do salário HORA noturna	R$ 5,46
Cálculo salário HORA extra: R$ 4,55 + 50% (R$ 2,28) = R$ 6,83	
Valor bruto do salário HORA extra	R$ 6,83
Cálculo salário DIA: R$ 1.000,00/30 = R$ 33,33	
Valor bruto do salário DIA	R$ 33,33
Valor bruto do salário DIA em feriados e domingos: R$ 33,33 x 2 = R$ 66,66	
Valor bruto do salário DIA em feriados e domingos	R$ 66,66
Cálculo salário empregado em regime de tempo parcial	
Cálculo salário HORA normal: R$ 1.000,00/220 = R$ 4,55	
Cálculo salário proporcional em regime de 24h semanais (24h x 4 = 96h) R$ 4,55 x 96 = R$ 436,80	
Valor bruto do salário proporcional 24h semanais	R$ 436,80
Cálculo salário DIA em regime de tempo parcial (24h): R$ 436,80/30 = R$ 14,56	

Valor bruto do salário DIA em regime parcial 24h	R$ 14,56
Valor bruto do salário DIA em feriados e domingos – regime parcial 24h	R$ 29,12
Cálculo salário HORA extra em regime parcial: R$ 4,55 + 50% (R$ 2,28) = R$ 6,83	
Valor bruto do salário HORA extra em regime parcial	R$ 6,83
Exemplo de cálculo 13º proporcional – salário R$ 1.000,00 **R$ 1.000,00 / 12 = R$ 83,33**	
Início da atividade: 25/3, portanto, conta-se de abril a dezembro = 9 meses R$ 83,33 x 9 = R$ 750,00	
Valor bruto do 13º salário proporcional	R$ 750,00

2. EXEMPLOS DE CÁLCULOS DE FÉRIAS

As três primeiras tabelas apresentam exemplos de cálculos de férias sem incidência de abono e adiantamento da 1ª parcela do 13º salário.

A critério do empregador, as férias podem ser fracionadas em até duas vezes, sendo o mínimo de 14 dias, assim, efetuamos a demonstração das três possibilidades: 14 dias, 16 dias e 30 dias. Lembrando que o valor retido a título de INSS (e IR se houver) deverá ser recolhido pelo empregador até o dia 7 do mês seguinte.

Vale lembrar ainda que quando o trabalhador sai em férias, tem o direito de receber o salário adiantado.

EXEMPLO: período aquisitivo: 1º de janeiro de 2014 a 31 de dezembro de 2014 — sem faltas – tira suas férias no período de 1º a 30 de março. No dia 23 de fevereiro ele recebe seu adiantamento de férias, mais 1/3. Até o 5º dia útil do mês de março ele recebe o salário referente ao mês de fevereiro. Em 31 de março ele retorna ao trabalho e no 5º dia útil de abril terá descontado os dias de férias que recebeu adiantado (só os dias de férias, o 1/3 não é devolvido). Portanto, muita atenção, porque no mês de abril, neste caso, o empregado ficará sem salário, pois já lhe foi adiantado nas férias.

Os exemplos referem-se ao trabalho com jornada de 44h semanais, não tendo o empregado qualquer desconto referente a faltas no trabalho, ou seja, com direito a gozar os 30 dias de férias.

CÁLCULO DE FÉRIAS DO EMPREGADO SALÁRIO = R$ 1.000,00		
Cálculo básico de 14 dias		
R$ 1.000,00 / 30 = R$ 33,33		
Valor das férias	R$ 33,33 x 14 dias =	(+) R$ 466,67
1/3 das férias	R$ 466,47 / 3 =	(+) R$ 155,56
	Total	(=) **R$ 622,23**
INSS*	8%	(–) R$ (49,78)
	Total	(=) **R$ 572,44**
IRRF**	(não incide neste exemplo)	(–) –
	Valor líquido das férias	(=) **R$ 572,44**

106 | GUIA PRÁTICO DO EMPREGADO DOMÉSTICO

CÁLCULO DE FÉRIAS DO EMPREGADO SALÁRIO = R$ 1.000,00		
Cálculo básico de 16 dias		
R$ 1.000,00 / 30 = R$ 33,33		
Valor das férias	R$ 33,33 x 16 dias =	(+) R$ 533,33
1/3 das férias	R$ 466,47 / 3 =	(+) R$ 177,78
	Total	(=) R$ 711,11
INSS*	8%	(–) R$ (56,89)
	Total	(=) R$ 654,22
IRRF**	(não incide neste exemplo)	(–) –
	Valor líquido das férias	(=) R$ 654,22

CÁLCULO DE FÉRIAS DO EMPREGADO SALÁRIO = R$ 1.000,00		
Cálculo básico de 30 dias		
Valor das férias		(+) R$ 1.000,00
1/3 das férias	R$ 1.000,00 / 3 =	(+) R$ 333,33
	Total	(=) R$ 1.333,33
INSS*	8%	(–) R$ (106,67)
	Total	(=) R$ 1.266,66
IRRF**	(não incide neste exemplo)	(–) –
	Valor líquido das férias	(=) R$ 1.226,66

* Conforme tabela do INSS em vigor para o ano de 2015:	
Remuneração até R$ 1.399,12	Desconto de 8%
Remuneração de R$ 1.399,13 a R$ 2.331,88	Desconto de 9%
Remuneração de R$ 2.332,89 a R$ 4.663,75	Desconto de 11%
O salário maior de R$ 4.663,75 terá desconto até o limite.	

** Para verificar a base de cálculo para o desconto do IRRF, deve-se observar a tabela da Receita Federal. A partir de abril/2015, há incidência de IR para rendimento a partir de R$ 1.903,99, abaixo disso, como nos exemplos anteriores, não há o que se reter do empregado.

No caso de existirem faltas não justificadas pela lei, e o patrão entender por bem descontar os dias não trabalhados, para saber a quantos dias de férias o empregado tem direito de gozar, deve-se verificar a tabela seguinte:

QUANTIDADE DE DIAS DE FALTAS	QUANTIDADE DE DIAS DE FÉRIAS
= ou inferior a 5	30
De 6 a 14	24
De 15 a 23	18
De 24 a 32	12

Assim, se o empregado teve entre 6 e 14 dias de faltas, por exemplo, terá direito a 24 dias de férias. Uma vez que a menor fração, se for dividir as férias, não pode ser menor de 14 dias, para o caso de empregado que tenha a quantidade de dias de suas férias diminuídas, ele deverá gozar as férias em uma única vez e os cálculos se darão da seguinte forma:

CÁLCULO DE FÉRIAS DO EMPREGADO SALÁRIO = R$ 1.000,00		
Cálculo básico de 24 dias		
R$ 1.000,00/ 30 = R$ 33,33		
Valor das férias	R$ 33,33 x 24 dias =	(+) R$ 800.00
1/3 das férias	R$ 800,00/ 3 =	(+) R$ 266.67
	Total	(=) R$ 1.066,67
INSS	8%	(–) R$ (85,33)
	Total	(=) R$ 981,34
IRRF	(não incide neste exemplo)	(–) –
	Valor líquido das férias	(=) R$ 981,34

O mesmo tipo de cálculo se deve fazer quando se tratar de empregado doméstico pelo regime de tempo parcial, suas férias não poderão ser fracionadas e o cálculo se faz pela quantidade de dias. Lembre-se que neste caso, se houver mais de 7 faltas injustificadas no período aquisitivo, terá seu direito de férias reduzido pela metade:

QUANTIDADE DE HORAS DE TRABALHO SEMANAL	QUANTIDADE DE DIAS DE FÉRIAS
= ou inferior a 5	8
Mais de 5 até 10	10
Mais de 10 até 15	12
Mais de 15 até 20	14
Mais de 20 até 22	16
Mais de 22 até 25	18

Observe outro exemplo, o empregado que trabalha 24 horas por semana terá direito a 18 dias de férias:

CÁLCULO DE FÉRIAS DO EMPREGADO REGIME DE TEMPO ESPECIAL		
Salário base R$ 1.000,00		
Empregado por 24 horas semanais = 18 dias férias		
R$ 1.000,00 / 220 = R$ 4,55 * 96 = R$ 436,80		
R$ 436,80 / 30 = R$ 14,56		
Valor das férias	R$ 14,56 x 18 dias =	(+) R$ 226,08
1/3 das férias	R$ 226,08 / 3 =	(+) R$ 75,36
	Total	(=) R$ 301,44
INSS	8%	(−) R$ (24,12)
	Total	(=) R$ 277,32
IRRF	(não incide neste exemplo)	(−) –
	Valor líquido das férias	(=) R$ 277,32

Todavia, pode o empregado que trabalha em regime de tempo integral vender 1/3 de suas férias. Se ele não teve faltas no ano terá direito a 30 dias de férias e, portanto, pode vender 10 dias.

CÁLCULOS | 109

CÁLCULO DE FÉRIAS DO EMPREGADO SALÁRIO = R$ 1.000,00		
Quando o empregado vende 1/3 das férias		
R$ 1.000,00 / 30 = R$ 33,33		
Valor das férias	R$ 33,33 x 20 dias =	(+) R$ 666,67
1/3 das férias	R$ 666,67 / 3 =	(+) R$ 222,22
	Total	(=) R$ 888,89
INSS	8%	(−) R$ (71,11)
Abono pecuniário	R$ 33,33 x 10 dias	(+) R$ 333,33
1/3 do abono pecuniário	R$ 333,33 / 3	(+) R$ 111,11
	Total	(=) R$ 1.262,22
IRRF	(não incide neste exemplo)	(−) −
	Valor líquido das férias	(=) R$ 1.262,22

ATENÇÃO!
Não ocorre desconto de INSS sobre o abono pecuniário (dias de férias vendidos).

No caso de ter seus dias de férias reduzidos para 24, o terço que ele pode vender em quantidade de dias passa a representar 8 dias:

CÁLCULO DE FÉRIAS DO EMPREGADO SALÁRIO = R$ 1.000,00		
Quando o empregado vende 1/3 das férias e teve falta		
R$ 1.000,00 / 30 = R$ 33,33		
Dos 24 dias a que tem direito vende 8, restam-lhe 16 dias		
Valor das férias	R$ 33,33 x 16 dias =	(+) R$ 533,33
1/3 das férias	R$ 533,33 / 3 =	(+) R$ 177,78
	Total	(=) R$ 711,11
INSS	8%	(−) R$ (56,89)
Abono pecuniário	R$ 33,33 x 8 dias	(+) R$ 266,64
1/3 do abono pecuniário	R$ 266,64 / 3	(+) R$ 88,88
	Total	(=) R$ 1.009,74
IRRF	(não incide neste exemplo)	(−) −
	Valor líquido das férias	(=) R$ 1.009,74

Vale lembrar que o empregado em regime de tempo parcial não tem direito de vender parte de suas férias.

Ainda, pode o empregado requerer o recebimento da primeira parcela do 13º salário quando das suas férias. Deve-se, assim, incluir 50% do valor do salário no pagamento das férias, juntamente ou não com abono pecuniário. Observe a seguir um exemplo de pedido de abono e adiantamento da 1ª parcela do 13º salário para empregado em regime de tempo de 44 horas semanais:

Lembramos, também, que o INSS sobre o 13º será descontado e recolhido pelo empregador, em sua totalidade, quando do pagamento da segunda parcela, em dezembro.

CÁLCULO DE FÉRIAS DO EMPREGADO SALÁRIO = R$ 1.000,00			
Quando o empregado vende 1/3 das férias e pede o 13º salário			
R$ 1.000,00 / 30 = R$ 33,33			
Valor das férias	R$ 33,33 x 20 dias =	(+) R$	666,67
1/3 das férias	R$ 666,67 / 3 =	(+) R$	222,22
	Total	(=) R$	888,89
INSS	8%	(−) R$	(71,11)
Abono pecuniário	R$ 33,33 x 10 dias	(+) R$	333,33
1/3 do abono pecuniário	R$ 333,33 / 3	(+) R$	111,11
1ª parcela do 13º salário		(+) R$	500,00
	Total	(=) R$	1.762,22
IRRF	(não incide neste exemplo)	(−)	−
	Valor líquido das férias	(=) R$	1.762,22

ATENÇÃO!

Sempre verificar na tabela disponibilizada pela Receita Federal se o valor total antes da linha IRRF atingiu ou não o limite (em abril de 2015 o valor até R$ 1.903,99 não tem incidência de Imposto sobre a Renda, ou seja, não há o que descontar do empregado).

CÁLCULOS | 111

Se o empregado, durante o período aquisitivo de suas férias fez hora extra, então esses valores devem ser considerados para o adiantamento de férias.

EXEMPLO: No ano período aquisitivo, março de 2014 a fevereiro de 2015, o empregado fez as seguintes horas extras:

MÊS/ANO	HORAS EXTRAS
Março/2014	5
Abril/2014	3
Maio/2014	2
Junho/2014	10
Julho/2014	10
Agosto/2014	7
Setembro/2014	3
Outubro 2014	2
Novembro/2014	4
Dezembro/2014	2
Janeiro/2015	5
Fevereiro/2015	3
Total	56
Média (56 horas / 12 meses)	**4,67**

De acordo com esse exemplo já sabemos o valor da hora extra = R$ 6,83 – logo, multiplicamos pela média:

R$ 6,83 x 4,67 = R$ 31,90

Agora, devemos calcular o reflexo das horas no DSR do mês das férias (abril/2015 = 23 dias úteis e 4 domingos):

R$ 31,90/23 = 1,34 x 4 = R$ 5,55

Logo, teremos:

R$ 31,90 + R$ 5,55 = R$ 37,45

112 | GUIA PRÁTICO DO EMPREGADO DOMÉSTICO

Assim, tal valor deverá ser somado ao salário base para o cálculo das férias:

CÁLCULO DE FÉRIAS DO EMPREGADO SALÁRIO = R$ 1.000,00		
Quando há hora extra		
R$ 1.000,00 / 30 = R$ 33,33		
Valor das férias	R$ 1.000,00 + R$ 37,45	(+) R$ 1.037,45
1/3 das férias	R$ 1.037,45 / 3	(+) R$ 345,82
	Total	(=) **R$ 1.383,27**
INSS	8%	(−) R$ (110,66)
	Total	(=) **R$ 1.272,61**
IRRF	(não incide neste exemplo)	(−) −
	Valor líquido das férias	(=) **R$ 1.272,61**

LEGISLAÇÃO

LEI COMPLEMENTAR Nº 150, DE 1º DE JUNHO DE 2015

Dispõe sobre o contrato de trabalho doméstico; altera as Leis nº 8.212, de 24 de julho de 1991, nº 8.213, de 24 de julho de 1991, e nº 11.196, de 21 de novembro de 2005; revoga o inciso I do art. 3º da Lei nº 8.009, de 29 de março de 1990, o art. 36 da Lei nº 8.213, de 24 de julho de 1991, a Lei nº 5.859, de 11 de dezembro de 1972, e o inciso VII do art. 12 da Lei nº 9.250, de 26 de dezembro de 1995; e dá outras providências.

A Presidenta da República,

Faço saber que o Congresso Nacional decreta e eu sanciono a seguinte Lei Complementar:

Capítulo I – Do Contrato de Trabalho Doméstico

Art. 1º. Ao empregado doméstico, assim considerado aquele que presta serviços de forma contínua, subordinada, onerosa e pessoal e de finalidade não lucrativa à pessoa ou à família, no âmbito residencial destas, por mais de 2 (dois) dias por semana, aplica--se o disposto nesta Lei.

Parágrafo único. É vedada a contratação de menor de 18 (dezoito) anos para desempenho de trabalho doméstico, de acordo com a Convenção nº 182, de 1999, da Organização Internacional do Trabalho (OIT) e com o Decreto nº 6.481, de 12 de junho de 2008.

Art. 2º. A duração normal do trabalho doméstico não excederá 8 (oito) horas diárias e 44 (quarenta e quatro) semanais, observado o disposto nesta Lei.

§ 1º. A remuneração da hora extraordinária será, no mínimo, 50% (cinquenta por cento) superior ao valor da hora normal.

§ 2º. O salário-hora normal, em caso de empregado mensalista, será obtido dividindo-se o salário mensal por 220 (duzentas e vinte) horas, salvo se o contrato estipular jornada mensal inferior que resulte em divisor diverso.

§ 3º. O salário-dia normal, em caso de empregado mensalista, será obtido dividindo-se o salário mensal por 30 (trinta) e servirá de base para pagamento do repouso remunerado e dos feriados trabalhados.

§ 4º. Poderá ser dispensado o acréscimo de salário e instituído regime de compensação de horas, mediante acordo escrito entre empregador e empregado, se o excesso de horas de um dia for compensado em outro dia.

§ 5º. No regime de compensação previsto no § 4º:

I – será devido o pagamento, como horas extraordinárias, na forma do § 1º, das primeiras 40 (quarenta) horas mensais excedentes ao horário normal de trabalho;

II – das 40 (quarenta) horas referidas no inciso I, poderão ser deduzidas, sem o correspondente pagamento, as horas não trabalhadas, em função de redução do horário normal de trabalho ou de dia útil não trabalhado, durante o mês;

116 | GUIA PRÁTICO DO EMPREGADO DOMÉSTICO

III – o saldo de horas que excederem as 40 (quarenta) primeiras horas mensais de que trata o inciso I, com a dedução prevista no inciso II, quando for o caso, será compensado no período máximo de 1 (um) ano.

§ 6º. Na hipótese de rescisão do contrato de trabalho sem que tenha havido a compensação integral da jornada extraordinária, na forma do § 5º, o empregado fará jus ao pagamento das horas extras não compensadas, calculadas sobre o valor da remuneração na data de rescisão.

§ 7º. Os intervalos previstos nesta Lei, o tempo de repouso, as horas não trabalhadas, os feriados e os domingos livres em que o empregado que mora no local de trabalho nele permaneça não serão computados como horário de trabalho.

§ 8º. O trabalho não compensado prestado em domingos e feriados deve ser pago em dobro, sem prejuízo da remuneração relativa ao repouso semanal.

Art. 3º. Considera-se trabalho em regime de tempo parcial aquele cuja duração não exceda 25 (vinte e cinco) horas semanais.

§ 1º. O salário a ser pago ao empregado sob regime de tempo parcial será proporcional a sua jornada, em relação ao empregado que cumpre, nas mesmas funções, tempo integral.

§ 2º. A duração normal do trabalho do empregado em regime de tempo parcial poderá ser acrescida de horas suplementares, em número não excedente a 1 (uma) hora diária, mediante acordo escrito entre empregador e empregado, aplicando-se-lhe, ainda, o disposto nos §§ 2º e 3º do art. 2º, com o limite máximo de 6 (seis) horas diárias.

§ 3º. Na modalidade do regime de tempo parcial, após cada período de 12 (doze) meses de vigência do contrato de trabalho, o empregado terá direito a férias, na seguinte proporção:

I – 18 (dezoito) dias, para a duração do trabalho semanal superior a 22 (vinte e duas) horas, até 25 (vinte e cinco) horas;

II – 16 (dezesseis) dias, para a duração do trabalho semanal superior a 20 (vinte) horas, até 22 (vinte e duas) horas;

III – 14 (quatorze) dias, para a duração do trabalho semanal superior a 15 (quinze) horas, até 20 (vinte) horas;

IV – 12 (doze) dias, para a duração do trabalho semanal superior a 10 (dez) horas, até 15 (quinze) horas;

V – 10 (dez) dias, para a duração do trabalho semanal superior a 5 (cinco) horas, até 10 (dez) horas;

VI – 8 (oito) dias, para a duração do trabalho semanal igual ou inferior a 5 (cinco) horas.

Art. 4º. É facultada a contratação, por prazo determinado, do empregado doméstico:

I – mediante contrato de experiência;

II – para atender necessidades familiares de natureza transitória e para substituição temporária de empregado doméstico com contrato de trabalho interrompido ou suspenso.

Parágrafo único. No caso do inciso II deste artigo, a duração do contrato de trabalho é limitada ao término do evento que motivou a contratação, obedecido o limite máximo de 2 (dois) anos.

Art. 5º. O contrato de experiência não poderá exceder 90 (noventa) dias.

§ 1º. O contrato de experiência poderá ser prorrogado 1 (uma) vez, desde que a soma dos 2 (dois) períodos não ultrapasse 90 (noventa) dias.

§ 2º. O contrato de experiência que, havendo continuidade do serviço, não for prorrogado após o decurso de seu prazo previamente estabelecido ou que ultrapassar o período de 90 (noventa) dias passará a vigorar como contrato de trabalho por prazo indeterminado.

Art. 6º. Durante a vigência dos contratos previstos nos incisos I e II do art. 4º, o empregador que, sem justa causa, despedir o empregado é obrigado a pagar-lhe, a título de indenização, metade da remuneração a que teria direito até o termo do contrato.

Art. 7º. Durante a vigência dos contratos previstos nos incisos I e II do art. 4º, o empregado não poderá se desligar do contrato sem justa causa, sob pena de ser obrigado a indenizar o empregador dos prejuízos que desse fato lhe resultarem.

Parágrafo único. A indenização não poderá exceder aquela a que teria direito o empregado em idênticas condições.

Art. 8º. Durante a vigência dos contratos previstos nos incisos I e II do art. 4º, não será exigido aviso prévio.

Art. 9º. A Carteira de Trabalho e Previdência Social será obrigatoriamente apresentada, contra recibo, pelo empregado ao empregador que o admitir, o qual terá o prazo de 48 (quarenta e oito) horas para nela anotar, especificamente, a data de admissão, a remuneração e, quando for o caso, os contratos previstos nos incisos I e II do art. 4º.

Art. 10. É facultado às partes, mediante acordo escrito entre essas, estabelecer horário de trabalho de 12 (doze) horas seguidas por 36 (trinta e seis) horas ininterruptas de descanso, observados ou indenizados os intervalos para repouso e alimentação.

§ 1º. A remuneração mensal pactuada pelo horário previsto no *caput* deste artigo abrange os pagamentos devidos pelo descanso semanal remunerado e pelo descanso em feriados, e serão considerados compensados os feriados e as prorrogações de trabalho noturno, quando houver, de que tratam o art. 70 e o § 5º do art. 73 da Consolidação das Leis do Trabalho (CLT), aprovada pelo Decreto-Lei nº 5.452, de 1º de maio de 1943, e o art. 9º da Lei nº 605, de 5 de janeiro de 1949.

§ 2º. (Vetado).

Art. 11. Em relação ao empregado responsável por acompanhar o empregador prestando serviços em viagem, serão consideradas apenas as horas efetivamente trabalhadas no período, podendo ser compensadas as horas extraordinárias em outro dia, observado o art. 2º.

§ 1º. O acompanhamento do empregador pelo empregado em viagem será condicionado à prévia existência de acordo escrito entre as partes.

§ 2º. A remuneração-hora do serviço em viagem será, no mínimo, 25% (vinte e cinco por cento) superior ao valor do salário-hora normal.

§ 3º. O disposto no § 2º deste artigo poderá ser, mediante acordo, convertido em acréscimo no banco de horas, a ser utilizado a critério do empregado.

Art. 12. É obrigatório o registro do horário de trabalho do empregado doméstico por qualquer meio manual, mecânico ou eletrônico, desde que idôneo.

Art. 13. É obrigatória a concessão de intervalo para repouso ou alimentação pelo período de, no mínimo, 1 (uma) hora e, no máximo, 2 (duas) horas, admitindo-se, mediante prévio acordo escrito entre empregador e empregado, sua redução a 30 (trinta) minutos.

§ 1º. Caso o empregado resida no local de trabalho, o período de intervalo poderá ser desmembrado em 2 (dois) períodos, desde que cada um deles tenha, no mínimo, 1 (uma) hora, até o limite de 4 (quatro) horas ao dia.

§ 2º. Em caso de modificação do intervalo, na forma do § 1º, é obrigatória a sua anotação no registro diário de horário, vedada sua prenotação.

118 | GUIA PRÁTICO DO EMPREGADO DOMÉSTICO

Art. 14. Considera-se noturno, para os efeitos desta Lei, o trabalho executado entre as 22 horas de um dia e as 5 horas do dia seguinte.

§ 1º. A hora de trabalho noturno terá duração de 52 (cinquenta e dois) minutos e 30 (trinta) segundos.

§ 2º. A remuneração do trabalho noturno deve ter acréscimo de, no mínimo, 20% (vinte por cento) sobre o valor da hora diurna.

§ 3º. Em caso de contratação, pelo empregador, de empregado exclusivamente para desempenhar trabalho noturno, o acréscimo será calculado sobre o salário anotado na Carteira de Trabalho e Previdência Social.

§ 4º. Nos horários mistos, assim entendidos os que abrangem períodos diurnos e noturnos, aplica-se às horas de trabalho noturno o disposto neste artigo e seus parágrafos.

Art. 15. Entre 2 (duas) jornadas de trabalho deve haver período mínimo de 11 (onze) horas consecutivas para descanso.

Art. 16. É devido ao empregado doméstico descanso semanal remunerado de, no mínimo, 24 (vinte e quatro) horas consecutivas, preferencialmente aos domingos, além de descanso remunerado em feriados.

Art. 17. O empregado doméstico terá direito a férias anuais remuneradas de 30 (trinta) dias, salvo o disposto no § 3º do art. 3º, com acréscimo de, pelo menos, um terço do salário normal, após cada período de 12 (doze) meses de trabalho prestado à mesma pessoa ou família.

§ 1º. Na cessação do contrato de trabalho, o empregado, desde que não tenha sido demitido por justa causa, terá direito à remuneração relativa ao período incompleto de férias, na proporção de um doze avos por mês de serviço ou fração superior a 14 (quatorze) dias.

§ 2º. O período de férias poderá, a critério do empregador, ser fracionado em até 2 (dois) períodos, sendo 1 (um) deles de, no mínimo, 14 (quatorze) dias corridos.

§ 3º. É facultado ao empregado doméstico converter um terço do período de férias a que tiver direito em abono pecuniário, no valor da remuneração que lhe seria devida nos dias correspondentes.

§ 4º. O abono de férias deverá ser requerido até 30 (trinta) dias antes do término do período aquisitivo.

§ 5º. É lícito ao empregado que reside no local de trabalho nele permanecer durante as férias.

§ 6º. As férias serão concedidas pelo empregador nos 12 (doze) meses subsequentes à data em que o empregado tiver adquirido o direito.

Art. 18. É vedado ao empregador doméstico efetuar descontos no salário do empregado por fornecimento de alimentação, vestuário, higiene ou moradia, bem como por despesas com transporte, hospedagem e alimentação em caso de acompanhamento em viagem.

§ 1º. É facultado ao empregador efetuar descontos no salário do empregado em caso de adiantamento salarial e, mediante acordo escrito entre as partes, para a inclusão do empregado em planos de assistência médico-hospitalar e odontológica, de seguro e de previdência privada, não podendo a dedução ultrapassar 20% (vinte por cento) do salário.

§ 2º. Poderão ser descontadas as despesas com moradia de que trata o *caput* deste artigo quando essa se referir a local diverso da residência em que ocorrer a prestação de serviço, desde que essa possibilidade tenha sido expressamente acordada entre as partes.

LEGISLAÇÃO | 119

§ 3º. As despesas referidas no *caput* deste artigo não têm natureza salarial nem se incorporam à remuneração para quaisquer efeitos.

§ 4º. O fornecimento de moradia ao empregado doméstico na própria residência ou em morada anexa, de qualquer natureza, não gera ao empregado qualquer direito de posse ou de propriedade sobre a referida moradia.

Art. 19. Observadas as peculiaridades do trabalho doméstico, a ele também se aplicam as Leis nº 605, de 5 de janeiro de 1949, nº 4.090, de 13 de julho de 1962, nº 4.749, de 12 de agosto de 1965, e nº 7.418, de 16 de dezembro de 1985, e, subsidiariamente, a Consolidação das Leis do Trabalho (CLT), aprovada pelo Decreto-Lei nº 5.452, de 1º de maio de 1943.

Parágrafo único. A obrigação prevista no art. 4º da Lei nº 7.418, de 16 de dezembro de 1985, poderá ser substituída, a critério do empregador, pela concessão, mediante recibo, dos valores para a aquisição das passagens necessárias ao custeio das despesas decorrentes do deslocamento residência-trabalho e vice-versa.

Art. 20. O empregado doméstico é segurado obrigatório da Previdência Social, sendo-lhe devidas, na forma da Lei nº 8.213, de 24 de julho de 1991, as prestações nela arroladas, atendido o disposto nesta Lei e observadas as características especiais do trabalho doméstico.

Art. 21. É devida a inclusão do empregado doméstico no Fundo de Garantia do Tempo de Serviço (FGTS), na forma do regulamento a ser editado pelo Conselho Curador e pelo agente operador do FGTS, no âmbito de suas competências, conforme disposto nos arts. 5º e 7º da Lei nº 8.036, de 11 de maio de 1990, inclusive no que tange aos aspectos técnicos de depósitos, saques, devolução de valores e emissão de extratos, entre outros determinados na forma da lei.

Parágrafo único. O empregador doméstico somente passará a ter obrigação de promover a inscrição e de efetuar os recolhimentos referentes a seu empregado após a entrada em vigor do regulamento referido no *caput*.

Art. 22. O empregador doméstico depositará a importância de 3,2% (três inteiros e dois décimos por cento) sobre a remuneração devida, no mês anterior, a cada empregado, destinada ao pagamento da indenização compensatória da perda do emprego, sem justa causa ou por culpa do empregador, não se aplicando ao empregado doméstico o disposto nos §§ 1º a 3º do art. 18 da Lei nº 8.036, de 11 de maio de 1990.

§ 1º. Nas hipóteses de dispensa por justa causa ou a pedido, de término do contrato de trabalho por prazo determinado, de aposentadoria e de falecimento do empregado doméstico, os valores previstos no *caput* serão movimentados pelo empregador.

§ 2º. Na hipótese de culpa recíproca, metade dos valores previstos no *caput* será movimentada pelo empregado, enquanto a outra metade será movimentada pelo empregador.

§ 3º. Os valores previstos no *caput* serão depositados na conta vinculada do empregado, em variação distinta daquela em que se encontrarem os valores oriundos dos depósitos de que trata o inciso IV do art. 34 desta Lei, e somente poderão ser movimentados por ocasião da rescisão contratual.

§ 4º. À importância monetária de que trata o *caput*, aplicam-se as disposições da Lei nº 8.036, de 11 de maio de 1990, e da Lei nº 8.844, de 20 de janeiro de 1994, inclusive quanto a sujeição passiva e equiparações, prazo de recolhimento, administração, fiscalização, lançamento, consulta, cobrança, garantias, processo administrativo de determinação e exigência de créditos tributários federais.

120 | GUIA PRÁTICO DO EMPREGADO DOMÉSTICO

Art. 23. Não havendo prazo estipulado no contrato, a parte que, sem justo motivo, quiser rescindi-lo deverá avisar a outra de sua intenção.

§ 1º. O aviso prévio será concedido na proporção de 30 (trinta) dias ao empregado que conte com até 1 (um) ano de serviço para o mesmo empregador.

§ 2º. Ao aviso prévio previsto neste artigo, devido ao empregado, serão acrescidos 3 (três) dias por ano de serviço prestado para o mesmo empregador, até o máximo de 60 (sessenta) dias, perfazendo um total de até 90 (noventa) dias.

§ 3º. A falta de aviso prévio por parte do empregador dá ao empregado o direito aos salários correspondentes ao prazo do aviso, garantida sempre a integração desse período ao seu tempo de serviço.

§ 4º. A falta de aviso prévio por parte do empregado dá ao empregador o direito de descontar os salários correspondentes ao prazo respectivo.

§ 5º. O valor das horas extraordinárias habituais integra o aviso prévio indenizado.

Art. 24. O horário normal de trabalho do empregado durante o aviso prévio, quando a rescisão tiver sido promovida pelo empregador, será reduzido de 2 (duas) horas diárias, sem prejuízo do salário integral.

Parágrafo único. É facultado ao empregado trabalhar sem a redução das 2 (duas) horas diárias previstas no *caput* deste artigo, caso em que poderá faltar ao serviço, sem prejuízo do salário integral, por 7 (sete) dias corridos, na hipótese dos §§ 1º e 2º do art. 23.

Art. 25. A empregada doméstica gestante tem direito a licença-maternidade de 120 (cento e vinte) dias, sem prejuízo do emprego e do salário, nos termos da Seção V do Capítulo III do Título III da Consolidação das Leis do Trabalho (CLT), aprovada pelo Decreto-Lei nº 5.452, de 1º de maio de 1943.

Parágrafo único. A confirmação do estado de gravidez durante o curso do contrato de trabalho, ainda que durante o prazo do aviso prévio trabalhado ou indenizado, garante à empregada gestante a estabilidade provisória prevista na alínea "b" do inciso II do art. 10 do Ato das Disposições Constitucionais Transitórias.

Art. 26. O empregado doméstico que for dispensado sem justa causa fará jus ao benefício do seguro-desemprego, na forma da Lei nº 7.998, de 11 de janeiro de 1990, no valor de 1 (um) salário-mínimo, por período máximo de 3 (três) meses, de forma contínua ou alternada.

§ 1º. O benefício de que trata o *caput* será concedido ao empregado nos termos do regulamento do Conselho Deliberativo do Fundo de Amparo ao Trabalhador (Codefat).

§ 2º. O benefício do seguro-desemprego será cancelado, sem prejuízo das demais sanções cíveis e penais cabíveis:

I – pela recusa, por parte do trabalhador desempregado, de outro emprego condizente com sua qualificação registrada ou declarada e com sua remuneração anterior;

II – por comprovação de falsidade na prestação das informações necessárias à habilitação;

III – por comprovação de fraude visando à percepção indevida do benefício do seguro-desemprego; ou

IV – por morte do segurado.

Art. 27. Considera-se justa causa para os efeitos desta Lei:

I – submissão a maus tratos de idoso, de enfermo, de pessoa com deficiência ou de criança sob cuidado direto ou indireto do empregado;

II – prática de ato de improbidade;

III – incontinência de conduta ou mau procedimento;

LEGISLAÇÃO | 121

IV – condenação criminal do empregado transitada em julgado, caso não tenha havido suspensão da execução da pena;

V – desídia no desempenho das respectivas funções;

VI – embriaguez habitual ou em serviço;

VII – (vetado);

VIII – ato de indisciplina ou de insubordinação;

IX – abandono de emprego, assim considerada a ausência injustificada ao serviço por, pelo menos, 30 (trinta) dias corridos;

X – ato lesivo à honra ou à boa fama ou ofensas físicas praticadas em serviço contra qualquer pessoa, salvo em caso de legítima defesa, própria ou de outrem;

XI – ato lesivo à honra ou à boa fama ou ofensas físicas praticadas contra o empregador doméstico ou sua família, salvo em caso de legítima defesa, própria ou de outrem;

XII – prática constante de jogos de azar.

Parágrafo único. O contrato de trabalho poderá ser rescindido por culpa do empregador quando:

I – o empregador exigir serviços superiores às forças do empregado doméstico, defesos por lei, contrários aos bons costumes ou alheios ao contrato;

II – o empregado doméstico for tratado pelo empregador ou por sua família com rigor excessivo ou de forma degradante;

III – o empregado doméstico correr perigo manifesto de mal considerável;

IV – o empregador não cumprir as obrigações do contrato;

V – o empregador ou sua família praticar, contra o empregado doméstico ou pessoas de sua família, ato lesivo à honra e à boa fama;

VI – o empregador ou sua família ofender o empregado doméstico ou sua família fisicamente, salvo em caso de legítima defesa, própria ou de outrem;

VII – o empregador praticar qualquer das formas de violência doméstica ou familiar contra mulheres de que trata o art. 5º da Lei nº 11.340, de 7 de agosto de 2006.

Art. 28. Para se habilitar ao benefício do seguro-desemprego, o trabalhador doméstico deverá apresentar ao órgão competente do Ministério do Trabalho e Emprego:

I – Carteira de Trabalho e Previdência Social, na qual deverão constar a anotação do contrato de trabalho doméstico e a data de dispensa, de modo a comprovar o vínculo empregatício, como empregado doméstico, durante pelo menos 15 (quinze) meses nos últimos 24 (vinte e quatro) meses;

II – termo de rescisão do contrato de trabalho;

III – declaração de que não está em gozo de benefício de prestação continuada da Previdência Social, exceto auxílio-acidente e pensão por morte; e

IV – declaração de que não possui renda própria de qualquer natureza suficiente à sua manutenção e de sua família.

Art. 29. O seguro-desemprego deverá ser requerido de 7 (sete) a 90 (noventa) dias contados da data de dispensa.

Art. 30. Novo seguro-desemprego só poderá ser requerido após o cumprimento de novo período aquisitivo, cuja duração será definida pelo Codefat.

Capítulo II – Do Simples Doméstico

Art. 31. É instituído o regime unificado de pagamento de tributos, de contribuições e dos demais encargos do empregador doméstico (Simples Doméstico), que deverá ser

122 | GUIA PRÁTICO DO EMPREGADO DOMÉSTICO

regulamentado no prazo de 120 (cento e vinte) dias a contar da data de entrada em vigor desta Lei.

Art. 32. A inscrição do empregador e a entrada única de dados cadastrais e de informações trabalhistas, previdenciárias e fiscais no âmbito do Simples Doméstico dar-se-ão mediante registro em sistema eletrônico a ser disponibilizado em portal na internet, conforme regulamento.

Parágrafo único. A impossibilidade de utilização do sistema eletrônico será objeto de regulamento, a ser editado pelo Ministério da Fazenda e pelo agente operador do FGTS.

Art. 33. O Simples Doméstico será disciplinado por ato conjunto dos Ministros de Estado da Fazenda, da Previdência Social e do Trabalho e Emprego que disporá sobre a apuração, o recolhimento e a distribuição dos recursos recolhidos por meio do Simples Doméstico, observadas as disposições do art. 21 desta Lei.

§ 1º. O ato conjunto a que se refere o *caput* deverá dispor também sobre o sistema eletrônico de registro das obrigações trabalhistas, previdenciárias e fiscais e sobre o cálculo e o recolhimento dos tributos e encargos trabalhistas vinculados ao Simples Doméstico.

§ 2º. As informações prestadas no sistema eletrônico de que trata o § 1º:

I – têm caráter declaratório, constituindo instrumento hábil e suficiente para a exigência dos tributos e encargos trabalhistas delas resultantes e que não tenham sido recolhidos no prazo consignado para pagamento; e

II – deverão ser fornecidas até o vencimento do prazo para pagamento dos tributos e encargos trabalhistas devidos no Simples Doméstico em cada mês, relativamente aos fatos geradores ocorridos no mês anterior.

§ 3º. O sistema eletrônico de que trata o § 1º deste artigo e o sistema de que trata o *caput* do art. 32 substituirão, na forma regulamentada pelo ato conjunto previsto no *caput*, a obrigatoriedade de entrega de todas as informações, formulários e declarações a que estão sujeitos os empregadores domésticos, inclusive os relativos ao recolhimento do FGTS.

Art. 34. O Simples Doméstico assegurará o recolhimento mensal, mediante documento único de arrecadação, dos seguintes valores:

I – 8% (oito por cento) a 11% (onze por cento) de contribuição previdenciária, a cargo do segurado empregado doméstico, nos termos do art. 20 da Lei nº 8.212, de 24 de julho de 1991;

II – 8% (oito por cento) de contribuição patronal previdenciária para a seguridade social, a cargo do empregador doméstico, nos termos do art. 24 da Lei nº 8.212, de 24 de julho de 1991;

III – 0,8% (oito décimos por cento) de contribuição social para financiamento do seguro contra acidentes do trabalho;

IV – 8% (oito por cento) de recolhimento para o FGTS;

V – 3,2% (três inteiros e dois décimos por cento), na forma do art. 22 desta Lei; e

VI – imposto sobre a renda retido na fonte de que trata o inciso I do art. 7º da Lei nº 7.713, de 22 de dezembro de 1988, se incidente.

§ 1º. As contribuições, os depósitos e o imposto arrolados nos incisos I a VI incidem sobre a remuneração paga ou devida no mês anterior, a cada empregado, incluída na remuneração a gratificação de Natal a que se refere a Lei nº 4.090, de 13 de julho de 1962, e a Lei nº 4.749, de 12 de agosto de 1965.

LEGISLAÇÃO | 123

§ 2º. A contribuição e o imposto previstos nos incisos I e VI do *caput* deste artigo serão descontados da remuneração do empregado pelo empregador, que é responsável por seu recolhimento.

§ 3º. O produto da arrecadação das contribuições, dos depósitos e do imposto de que trata o *caput* será centralizado na Caixa Econômica Federal.

§ 4º. A Caixa Econômica Federal, com base nos elementos identificadores do recolhimento, disponíveis no sistema de que trata o § 1º do art. 33, transferirá para a Conta Única do Tesouro Nacional o valor arrecadado das contribuições e do imposto previstos nos incisos I, II, III e VI do *caput*.

§ 5º. O recolhimento de que trata o *caput* será efetuado em instituições financeiras integrantes da rede arrecadadora de receitas federais.

§ 6º. O empregador fornecerá, mensalmente, ao empregado doméstico cópia do documento previsto no *caput*.

§ 7º. O recolhimento mensal, mediante documento único de arrecadação, e a exigência das contribuições, dos depósitos e do imposto, nos valores definidos nos incisos I a VI do *caput*, somente serão devidos após 120 (cento e vinte) dias da data de publicação desta Lei.

Art. 35. O empregador doméstico é obrigado a pagar a remuneração devida ao empregado doméstico e a arrecadar e a recolher a contribuição prevista no inciso I do art. 34, assim como a arrecadar e a recolher as contribuições, os depósitos e o imposto a seu cargo discriminados nos incisos II, III, IV, V e VI do *caput* do art. 34, até o dia 7 do mês seguinte ao da competência.

§ 1º. Os valores previstos nos incisos I, II, III e VI do *caput* do art. 34 não recolhidos até a data de vencimento sujeitar-se-ão à incidência de encargos legais na forma prevista na legislação do imposto sobre a renda.

§ 2º. Os valores previstos nos incisos IV e V, referentes ao FGTS, não recolhidos até a data de vencimento serão corrigidos e terão a incidência da respectiva multa, conforme a Lei nº 8.036, de 11 de maio de 1990.

Capítulo III – Da Legislação Previdenciária e Tributária

Art. 36. O inciso V do art. 30 da Lei nº 8.212, de 24 de julho de 1991, passa a vigorar com a seguinte redação:

"Art. 30. (...)

V – o empregador doméstico é obrigado a arrecadar e a recolher a contribuição do segurado empregado a seu serviço, assim como a parcela a seu cargo, até o dia 7 do mês seguinte ao da competência; (...)." (NR)

Art. 37. A Lei nº 8.213, de 24 de julho de 1991, passa a vigorar com as seguintes alterações:

"Art. 18. (...)

§ 1º. Somente poderão beneficiar-se do auxílio-acidente os segurados incluídos nos incisos I, II, VI e VII do art. 11 desta Lei. (...)." (NR)

"Art. 19. Acidente do trabalho é o que ocorre pelo exercício do trabalho a serviço de empresa ou de empregador doméstico ou pelo exercício do trabalho dos segurados referidos no inciso VII do art. 11 desta Lei, provocando lesão corporal ou perturbação funcional que cause a morte ou a perda ou redução, permanente ou temporária, da capacidade para o trabalho. (...)." (NR)

124 | GUIA PRÁTICO DO EMPREGADO DOMÉSTICO

"**Art. 21-A.** A perícia médica do Instituto Nacional do Seguro Social (INSS) considerará caracterizada a natureza acidentária da incapacidade quando constatar ocorrência de nexo técnico epidemiológico entre o trabalho e o agravo, decorrente da relação entre a atividade da empresa ou do empregado doméstico e a entidade mórbida motivadora da incapacidade elencada na Classificação Internacional de Doenças (CID), em conformidade com o que dispuser o regulamento. (...)

§ 2º. A empresa ou o empregador doméstico poderão requerer a não aplicação do nexo técnico epidemiológico, de cuja decisão caberá recurso, com efeito suspensivo, da empresa, do empregador doméstico ou do segurado ao Conselho de Recursos da Previdência Social." (NR)

"**Art. 22.** A empresa ou o empregador doméstico deverão comunicar o acidente do trabalho à Previdência Social até o primeiro dia útil seguinte ao da ocorrência e, em caso de morte, de imediato, à autoridade competente, sob pena de multa variável entre o limite mínimo e o limite máximo do salário de contribuição, sucessivamente aumentada nas reincidências, aplicada e cobrada pela Previdência Social. (...)." (NR)

"**Art. 27.** Para cômputo do período de carência, serão consideradas as contribuições:

I – referentes ao período a partir da data de filiação ao Regime Geral de Previdência Social (RGPS), no caso dos segurados empregados, inclusive os domésticos, e dos trabalhadores avulsos;

II – realizadas a contar da data de efetivo pagamento da primeira contribuição sem atraso, não sendo consideradas para este fim as contribuições recolhidas com atraso referentes a competências anteriores, no caso dos segurados contribuinte individual, especial e facultativo, referidos, respectivamente, nos incisos V e VII do art. 11 e no art. 13." (NR)

"**Art. 34.** No cálculo do valor da renda mensal do benefício, inclusive o decorrente de acidente do trabalho, serão computados:

I – para o segurado empregado, inclusive o doméstico, e o trabalhador avulso, os salários de contribuição referentes aos meses de contribuições devidas, ainda que não recolhidas pela empresa ou pelo empregador doméstico, sem prejuízo da respectiva cobrança e da aplicação das penalidades cabíveis, observado o disposto no § 5º do art. 29-A;

II – para o segurado empregado, inclusive o doméstico, o trabalhador avulso e o segurado especial, o valor mensal do auxílio-acidente, considerado como salário de contribuição para fins de concessão de qualquer aposentadoria, nos termos do art. 31; (...)." (NR)

"**Art. 35.** Ao segurado empregado, inclusive o doméstico, e ao trabalhador avulso que tenham cumprido todas as condições para a concessão do benefício pleiteado, mas não possam comprovar o valor de seus salários de contribuição no período básico de cálculo, será concedido o benefício de valor mínimo, devendo esta renda ser recalculada quando da apresentação de prova dos salários de contribuição." (NR)

"**Art. 37.** A renda mensal inicial, recalculada de acordo com o disposto no art. 35, deve ser reajustada como a dos benefícios correspondentes com igual data de início e substituirá, a partir da data do requerimento de revisão do valor do benefício, a renda mensal que prevalecia até então." (NR)

"**Art. 38.** Sem prejuízo do disposto no art. 35, cabe à Previdência Social manter cadastro dos segurados com todos os informes necessários para o cálculo da renda mensal dos benefícios." (NR)

"**Art. 63.** O segurado empregado, inclusive o doméstico, em gozo de auxílio-doença será considerado pela empresa e pelo empregador doméstico como licenciado. (...)." (NR)

LEGISLAÇÃO | 125

"*Art. 65.* *O salário-família será devido, mensalmente, ao segurado empregado, inclusive o doméstico, e ao segurado trabalhador avulso, na proporção do respectivo número de filhos ou equiparados nos termos do § 2º do art. 16 desta Lei, observado o disposto no art. 66. (...)." (NR)*

"*Art. 67.* *(...)*

Parágrafo único. O empregado doméstico deve apresentar apenas a certidão de nascimento referida no caput." (NR)

"*Art. 68.* *As cotas do salário-família serão pagas pela empresa ou pelo empregador doméstico, mensalmente, junto com o salário, efetivando-se a compensação quando do recolhimento das contribuições, conforme dispuser o Regulamento.*

§ 1º. *A empresa ou o empregador doméstico conservarão durante 10 (dez) anos os comprovantes de pagamento e as cópias das certidões correspondentes, para fiscalização da Previdência Social. (...)." (NR)*

Art. 38. O art. 70 da Lei nº 11.196, de 21 de novembro de 2005, passa a vigorar com a seguinte redação:

"*Art. 70.* *(...)*

I – (...).

(...)

d) até o dia 7 do mês subsequente ao mês de ocorrência dos fatos geradores, no caso de pagamento de rendimentos provenientes do trabalho assalariado a empregado doméstico; e

e) até o último dia útil do segundo decêndio do mês subsequente ao mês de ocorrência dos fatos geradores, nos demais casos; (...)." (NR)

Capítulo IV – Do Programa de Recuperação Previdenciária dos Empregadores Domésticos (Redom)

Art. 39. É instituído o Programa de Recuperação Previdenciária dos Empregadores Domésticos (Redom), nos termos desta Lei.

Art. 40. Será concedido ao empregador doméstico o parcelamento dos débitos com o Instituto Nacional do Seguro Social (INSS) relativos à contribuição de que tratam os arts. 20 e 24 da Lei nº 8.212, de 24 de julho de 1991, com vencimento até 30 de abril de 2013.

§ 1º. O parcelamento abrangerá todos os débitos existentes em nome do empregado e do empregador, na condição de contribuinte, inclusive débitos inscritos em dívida ativa, que poderão ser:

I – pagos com redução de 100% (cem por cento) das multas aplicáveis, de 60% (sessenta por cento) dos juros de mora e de 100% (cem por cento) sobre os valores dos encargos legais e advocatícios;

II – parcelados em até 120 (cento e vinte) vezes, com prestação mínima no valor de R$ 100,00 (cem reais).

§ 2º. O parcelamento deverá ser requerido no prazo de 120 (cento e vinte) dias após a entrada em vigor desta Lei.

§ 3º. A manutenção injustificada em aberto de 3 (três) parcelas implicará, após comunicação ao sujeito passivo, a imediata rescisão do parcelamento e, conforme o caso, o prosseguimento da cobrança.

§ 4º. Na hipótese de rescisão do parcelamento com o cancelamento dos benefícios concedidos:

126 | GUIA PRÁTICO DO EMPREGADO DOMÉSTICO

I – será efetuada a apuração do valor original do débito, com a incidência dos acréscimos legais, até a data de rescisão;

II – serão deduzidas do valor referido no inciso I deste parágrafo as parcelas pagas, com a incidência dos acréscimos legais, até a data de rescisão.

Art. 41. A opção pelo Redom sujeita o contribuinte a:

I – confissão irrevogável e irretratável dos débitos referidos no art. 40;

II – aceitação plena e irretratável de todas as condições estabelecidas;

III – pagamento regular das parcelas do débito consolidado, assim como das contribuições com vencimento posterior a 30 de abril de 2013.

Capítulo V – Disposições Gerais

Art. 42. É de responsabilidade do empregador o arquivamento de documentos comprobatórios do cumprimento das obrigações fiscais, trabalhistas e previdenciárias, enquanto essas não prescreverem.

Art. 43. O direito de ação quanto a créditos resultantes das relações de trabalho prescreve em 5 (cinco) anos até o limite de 2 (dois) anos após a extinção do contrato de trabalho.

Art. 44. A Lei nº 10.593, de 6 de dezembro de 2002, passa a vigorar acrescida do seguinte art. 11-A:

"**Art. 11-A.** *A verificação, pelo Auditor-Fiscal do Trabalho, do cumprimento das normas que regem o trabalho do empregado doméstico, no âmbito do domicílio do empregador, dependerá de agendamento e de entendimento prévios entre a fiscalização e o empregador.*

§ 1º. A fiscalização deverá ter natureza prioritariamente orientadora.

§ 2º. Será observado o critério de dupla visita para lavratura de auto de infração, salvo quando for constatada infração por falta de anotação na Carteira de Trabalho e Previdência Social ou, ainda, na ocorrência de reincidência, fraude, resistência ou embaraço à fiscalização.

§ 3º. Durante a inspeção do trabalho referida no caput*, o Auditor-Fiscal do Trabalho far-se-á acompanhar pelo empregador ou por alguém de sua família por este designado.*"

Art. 45. As matérias tratadas nesta Lei Complementar que não sejam reservadas constitucionalmente a lei complementar poderão ser objeto de alteração por lei ordinária.

Art. 46. Revogam-se o inciso I do art. 3º da Lei nº 8.009, de 29 de março de 1990, e a Lei nº 5.859, de 11 de dezembro de 1972.

Art. 47. Esta Lei entra em vigor na data de sua publicação.

Brasília, 1º de junho de 2015; 194º da Independência e 127º da República.

Dilma Rousseff – DOU de 2.6.2015

RAZÕES DOS VETOS

MENSAGEM Nº 197, DE 1º DE JUNHO DE 2015.

Senhor Presidente do Senado Federal,

Comunico a Vossa Excelência que, nos termos do § 1º do art. 66 da Constituição, decidi vetar parcialmente, por contrariedade ao interesse público, o Projeto de Lei nº 224, de 2013 – Complementar (nº 302/13 – Complementar na Câmara dos Deputados), que "Dispõe sobre o contrato de trabalho doméstico; altera as Leis nº 8.212, de 24 de julho de 1991, nº 8.213, de 24 de julho de 1991, e nº 11.196, de 21 de novembro de 2005; revoga o inciso I do art. 3º da Lei nº 8.009, de 29 de março de 1990, o art. 36 da Lei nº 8.213, de 24 de julho de 1991, a Lei nº 5.859, de 11 de dezembro de 1972, e o inciso VII do art. 12 da Lei nº 9.250, de 26 de dezembro 1995; e dá outras providências".

Ouvidos os Ministérios da Justiça, do Trabalho e Emprego a Secretaria de Políticas para as Mulheres, da Presidência da República e a Secretaria-Geral da Presidência da República manifestaram-se pelo veto ao seguinte dispositivo:

§ 2º do art. 10

"§ 2º. Os efeitos do disposto no *caput* e no § 1º deste artigo também se aplicam às atividades desempenhadas pelos empregados enquadrados na Lei nº 7.102, de 20 de junho de 1983, e às demais atividades que por sua natureza indispensável possuam o mesmo regime de horário."

Razões do veto

"Ao possibilitar a extensão do regime de horas previsto no *caput* e no § 1º do art. 10 aos empregados enquadrados na Lei nº 7.102, de 20 de junho de 1983 e, de forma ampla e imprecisa, a outras atividades, o dispositivo trataria de matéria estranha ao objeto do Projeto de Lei, que dispõe sobre o contrato de trabalho doméstico, contrariando o disposto no art. 7º, inciso II, da Lei Complementar nº 95, de 26 de fevereiro de 1998. Além disso, submeteria a mesmo regime categorias profissionais sujeitas a condições de trabalho completamente distintas."

As Secretarias de Políticas para as Mulheres e de Políticas de Promoção da Igualdade Racial, da Presidência da República solicitaram veto ao dispositivo a seguir transcrito:

Inciso VII do art 27

"VII – violação de fato ou de circunstância íntima do empregador doméstico ou de sua família;"

Razões do veto

"Da forma ampla e imprecisa como prevista, a hipótese de dispensa por justa causa tratada neste inciso daria margem a fraudes e traria insegurança para o trabalhador doméstico. Tal circunstância, além de ser incompatível com regras gerais do direito do trabalho, não seria condizente com as próprias atividades desempenhadas na execução do contrato de trabalho doméstico."

Essas, Senhor Presidente, as razões que me levaram a vetar os dispositivos acima mencionados do projeto em causa, as quais ora submeto à elevada apreciação dos Senhores Membros do Congresso Nacional.

DOU de 2.6.2015